西方正义
理论译丛

丛书
主编 —— 何怀宏

作为恰当性的正义

Justice as Fittingness

杰弗雷·库珀特 – 著

马新晶 – 译

赵 伟 – 校

江西人民出版社
Jiangxi People's Publishing House
全国百佳出版社

总 序

◎何怀宏

正义一直是社会关注的一个热点话题，许多在网络上引发大量讨论和争议的事件，几乎都和道德，尤其是正义的问题相关，那些最重要的、最牵动人们情感的事件更是如此。这是因为正义就是主要用于社会，特别是用于制度和政策的道德原则和价值；或者我们还可以同意罗尔斯所说，相对于效率等衡量标准来说，正义是社会制度的"首要德性"，是需要得到优先关注的。但我们的传统道德理论往往是从个人德性来观察和调节社会，对制度本身的德性或者说"社会正义"却重视不够。所以，借鉴域外的正义理论来补足和拓展中国特色的道德理论，对促进与提升我们社会的道德建设和发展是很有必要的。

这套"西方正义理论译丛"就致力于此。在首批所选的六本书中，有探讨西方的正义观念发展史的；有聚焦于当代社会的正义问题的；有提出和建构自己的理论观点的；也有收集对某一重要理论的争论、辩驳和回应的；还有从跨学科的视野和全球化的角度来思考正义的。

当然，对这些思想观点和理论，我们需要谨慎地分析和选择，对不同的著作给以不同的权重。它们有些对我们思考自己社会的问题是富有启发性的，也有些更多的是处理他们自己社会的问题。更重要的是，我们需要考察它们提出的理由和论据的真实性，这不仅可以获得方法论方面的助益，还可以帮助我们形成自己的比较正确的观点。也就是说，我们需要一种批判性的思维。这甚至要包括对本来批判地分析采纳了正确的思考方向和实质观点，但因为推进过度而带来错误的情况。"正义"从其本身含义来说，总是要带有某种平衡中道和公平公允的性质的，所以，就像孔子所言："过犹不及。"

我在这篇总序中，想结合丛书中的一些著作，主要讨论两个问题：第一个问题是有关正义的范畴。借助于对传统正义与现代正义的分野，我想讨论报应的正义和分配的正义的区分，以及何者应当占据更优先的地位。第二个问题是有关正义的原则、规则。我想借助对罗尔斯与沃尔泽的理论的比较，讨论一般原则和特殊规则的关系，以及我们为什么还需要某些基本的道德原则。

对正义的范畴和内容，我们也许可以大致地分成两块：一块是报应的正义，它主要是和法律尤其是司法的正义、矫正的正义相关；一块是分配的正义，它主要是和权益尤其是经济和物质的利益分配相关。

结合人类社会的历史，我们也许可以说：无论中外，传统的社会更强调报应的正义，并且是以报应的正义为中心和统摄的；而近代以来，从社会的发展趋势来看则更强调分配的正义，并且是以分配的正义为中心和统摄的。

究其背后的实质性的正义原则，我们也许还可以通俗地说，传统社会强调的主要是一种"报的正义"，即主要的一面是"报仇"，也就是司法的正义，次要的另一面是"报酬"即交易的正义。这后面的核心理念是"应得"（desert）。犯罪者应得惩罚，付出或交换者应得回报，贡献者应得酬劳，"让各人各得其所应得"。

现代正义强调的则主要是一种"分的正义"，其主要的内容是分配发展机会和物质利益。它后面的核心理念是"平等"。它不仅将平等对待的范围扩大到所有的社会成员，而且致力于"均富"观念的实现。

"正义"总是要在某种基本的意义上包含平等的。但对"平等"的理解，传统社会与现代社会的人们却有所不同。传统的正义实际上也必须体现平等，但是更强调价值的平等、功过的平等。它那种"平等"可以说主要是一种"对等"。所以，它主张有罪必罚、同罪同罚、同样的价值得到同样的报偿。现代正义则更强调人的基本权利的平等，还有条件乃至需求的平等，不管什么人，不管他们拥有什么价值，都是如此。它的确有一种"均等"的含义。

但这两种正义也可以在概念上处理得比较相通和互相包容。我们前面说到"统摄"，即传统社会的正义自然也会包括经济利益的内容，包含"分"的内容，但"分"往往是统摄在"报"的名下的。同样，现代社会的正义也肯定，甚至还必须优先地包括法律和司法的正义，但这种"报"往往是统摄在"分"的名下的，即分配权利、负担、义务和责任，等等。

综上，我们所讨论的正义范畴和内容其实已经相当清楚，正义总是和政治、国家紧密联系在一起的。我们今天所说的正义更是如此。正义必须依赖权力来实行和实现，而这种权力追溯到底，则是在一定地域内对暴力的垄断——这其实也是韦伯对国家的一个基本定义。

无权力支撑的正义是虚弱甚至虚幻的正义。当然，我们也要对权力提出道德的要求——正义的理念。无正义约束的权力是施虐甚至肆虐的权力。

传统的正义和原始的正义有着更多的直接联系，也带来一定的紧张。比如个人复仇、自行正义和国家法庭判决、代行正义之间的紧张。除了直接的自卫——或者说正当防卫，一般来说国家不允许个人使用暴力自行正义，而是要将个人的"报复"上交到国家来处理。但直到现代社会的今天，也还是会有司法正义的缺位和不足，而导致个人自行正义的现象的出现。我们可以对这样一些个人报复表示相当的同情，但是，它们还是有违良序社会发展的大势的。

《正义诸概念》的作者拉斐尔曾经以古希腊悲剧为例谈到从原始的正义向传统的正义的转变。埃斯库罗斯以阿伽门农家族冤冤相报的系列悲剧展示了这一转变的过程。阿伽门农的妻子克吕泰墨斯特拉和其情人埃奎斯托斯杀死了阿伽门农，这后面有复仇的动机：一是克吕泰墨斯特拉要为其被献祭的女儿伊菲革涅亚复仇，一是埃奎斯托斯对于阿特柔斯家族被侵害的复仇。但阿伽门农被杀之后，他的儿子俄瑞斯忒斯也要为自己的父亲复仇，他杀死了埃奎斯托斯，在犹豫之后，也杀死了自己的母亲。为此，他遭到了复仇女神（可以视作原始正义的化身）的疯狂追逐。

最后雅典娜创立法庭，审理复仇女神的控诉。在正反两方投票相等的情况下，她投了一票，宣判俄瑞斯忒斯无罪，但也要试图平息复仇女神的怒火。拉斐尔指出这包含了新的理念：第一，对于罪行的审判以及惩戒应当通过国家，通过法庭，通过整个法庭的陪审员，通过一个理性和民主的程序来进行；第二，如果两种冲突的主张在道德的两难境地中是均衡的，那么正义的解决办法是切断冤冤相报的无尽链条。

但我们还可以说，从原始正义到传统国家的正义，这里最基本的原则还是没有根本改变，即罪行应该得到惩罚，应该被起诉和审判，应该有报应，"谁的行为谁忍受"。"新的理念"只是将这种惩罚权交给了国家，并努力斩断个人报复不已的链条。

还有一点也很重要。即传统正义虽然没有均分权益和福利的理念，把福利看作应该主要是个人或自愿结合的团体追求的事情。国家主要负责防御外部侵略，维护内部安全和秩序，也包括维护契约的履行等，但它也还是要关心和帮助那些最弱势的群体和个人的基本经济生活和生存权利。这包括要让"矜、寡、孤、独、废疾者皆有所养"，要为孤儿寡母主持公道，不让其人身和财产被侵犯，在发生灾害时国家有义务进行社会救济等。所以，传统国家往往也都有救荒和济贫的一些政策和实践。这后面的精神应该说不只是维护社会的稳定（虽然稳定也是天下之大利），也有对人类和同胞的人道关怀。

这可以帮助我们将正义理论与一般的道德理论联系起来考虑。表现为制度的"恻隐之心"也是一种人类的共性，我们在不同文明的经典文献中都可以看到类似于社会要分利给贫弱的人的例子，比如说《诗经·小雅·大田》中的："彼有不获稚，此有不敛穧；彼有遗秉，此有滞穗，伊寡妇之利。"《圣经》"利未记"等篇章中也屡次写到这样的意思，当收割庄稼时，应当保留田地的一角不被收割，且不捡（车里散落下来少许的）谷物，"把它们留给那些穷人和陌生人吧"。但是，传统的正义不怎么考虑如何保障人们的经济幸福，不考虑如何平等地满足人们可能不断提高的物质期望，乃至传统社会的主导价值观也都不是以经济为中心的。

正义的理论与实践从以对等的"报"为重心，向以平等的"分"为重心的转变，是从近代开始，尤其是在 20 世纪完成的。罗斯在1923 年出版的《亚里士多德》一书中，评论了引用正义这一概念的诸多变化。他说："分配正义听上去无比新奇，我们并不习惯认为国家为其国民分配财富，反而认为我们缴税而去分摊国家的负担。"（ *Aristotle*，London Methuen，1923，210）这种纳税支持的国家自然是一种较少功能的"守夜人式的国家"。拉斐尔对此评论说："今天我们对社会保障耳熟能详，反而是罗斯的说法让人感觉奇怪了。"

罗尔斯的《正义论》是现代分配正义理论的一部精致和系统的杰作，也是这一类型的正义理论中最有影响的一部著作。他认为正义的主要内容就是分配一个社会的权益和负担。在他的这部著作中，没有多少有关法律正义，特别是涉及刑法和民事的正义的内容。

这其中的一个原因，自然是因为他考虑的"公平的正义"理论的应用对象是社会的基本结构而非具体制度。但是，他却把经济利益的分配也纳入了这一正义理论的原则之中，而将可能更重要和优先的法律正义排除在外，是有可以质疑之处的。当然，他可能认为，在他的有关所有人的平等自由权利的第一正义原则里，已经隐含了法律的正义。

另外，他在他的正义理论中将"应得"的理念排除在外，而主张一种具有实质平等意义的"公平"，这也许可以用于解释对权益的分配，但却难于解释对惩罚的"分配"。他认为将报复正义或司法正义视作"维护基本的自然义务"是一个错误，但如果我们观察传统社会（即便是今天，也还有一些带有许多传统因素和形态的国家），以及传统正义与原始正义的联系，那么，我们可能还是会认为，这并不是一个错误，司法正义看来的确还是在维护基本的自然义务。从防止直接损害人们的生命、财产的角度看，它比经济利益的分配正义更为重要，也应当置于一个更为优先的地位来考虑。能够为罗尔斯辩护的倒可能是一种进步主义的观点，即如果是处在一个司法基本实现了正义的社会，那么，从实践和政策的层面，或许可以优先考虑经济分配的正义，但即便如此，也不宜将这种优先性看作一种具有普遍意义的次序。

前面谈到我希望主要讨论两个问题：一是传统正义与现代正义的区分和关系问题；一是正义理论中的一般原则和特殊规则的关系问题。传统正义的理论基本上都是承认一般原则，并以之为前提的。有关"报的正义"，应当说内容更明确，对伤害和酬劳的界定会比较清楚，处理的规则也更容易达成共识。而有关"分的正义"，则因为对利益的理解，对哪些是最需要关注和照顾的群体，乃至对于"平等"的理解都会相当歧异，所以难以达成共识，也就使人们更容易倾向于怀疑一般原则。加上现代思想的潮流就有一种力图寻求真理性知识的绝对可靠性带来的失望，所以，在现代道德理论中出现相对主义以致虚无主义的强劲趋势应该说是不奇怪的。所以，有关一般原则与特殊规则的问题，我专门放到现代的分配正义理论中来讨论。

相对来说，我们对罗尔斯的正义理论比较熟悉，这里我想多介绍一下沃尔泽的理论和对他的评论。

大卫·米勒相当赞同沃尔泽的理论，也忠实地叙述了他的观点。米勒认为，沃尔泽对正义的解释其本质是多元的，否认有普遍的正义原则，将正义视为特定时间、特定政治共同体的创造。正义的多元性不仅表现在认可多元的自由民主制社会中，其他社会也有各种类型的社会善好，而每种善好都有与之对应的分配标准。

这里主要有两方面的含义，一是正义观念的不同的地方性、领域性；一是沃尔泽认为正义需要通过"善好"或者说价值来定义。沃尔泽的主要理论是他在 1983 年出版的《正义诸领域》（*Spheres of Justice*，New York: Basic Books，1983）中提出的。其主要的正面意义或许是反对一些个人或群体依靠他或他们在某一个领域中取得的优势地位，从而获得对其他人在其他领域，甚至所有领域的支配权。所以，他主张一种"复合的平等"，但这也可以说是一种"复合的不平等"或者"复合的优秀"。当不同的人在不同的分配领域拔得头筹的时候，"复合的平等"就实现了，但由于某一领域的优势无法向外转移，所以无人能够支配其他领域。沃尔泽解释说，复合平等意指公民在某一领域或社会善中的地位不会被他在另一领域或社会善中的地位所削弱。

那么，主要有哪些东西可以被称为"善好"呢？沃尔泽认为，在现代自由社会中，"善好"的主要类别有：安全和福利、金钱和商品、职业、工作、闲暇、教育、亲情和爱、恩典、认可（即尊敬、公共荣誉等符号）、政治权力等。

沃尔泽认为，比较理想地实现了"复合的平等"的正义的社会图景大致是这样的：分权的民主社会主义，强福利国家，有约束的市场，开放和去神秘化的行政部门，独立的公立学校，共享艰苦工作和闲暇，保护宗教和家庭生活，不受等级或阶级影响的公共荣誉授予和褫夺制度，工人控制公司和工厂，一种政党、运动、会议和公开辩论的政治。(*Spheres of Justice*，318) 亦即，沃尔泽的复合平等观要求这样一个社会，其中不同的人能在不同领域占据优势，他们的关系总和呈现出特定类型的平等。许多分离的不平等相互抵消和对冲产生复合平等，在此过程中，没有人是终极赢家。没有人能够"赢者通吃"。

那么，哪些领域的优势最容易侵犯到社会的其他领域呢？沃尔泽看来是想把市场对其他领域的"侵犯"描述为资本主义社会的核心问题。沃尔德伦指出：依沃尔泽看来，货币的危险在于，它往往会成为他所称的"支配性"物品——拥有这种物品，能够使拥有的个体大范围地掌控其他物品 (*Spheres of Justice*，22)。沃尔泽没有将权力的僭越和侵犯视作主要的问题，可能恰恰是因为在自由民主社会，权力受到了法律正义或者说法治的严格约束。所以，他主要关心的是市场或者说金钱购买对其他领域可能的侵犯。

为此，沃尔泽列举了十多种应当实行"阻止交易"的，即那些不能买卖的事物。这份"阻止交易"的清单包括：人口，政治权力和影响力，刑事司法，言论、出版、宗教和集会的自由，婚姻和生育权，离开政治共同体的权利，免除服兵役、免于陪审团职责、免除其他公共工作的义务的权利，政治职位，基本的福利服务如警察保护和教育,绝望的交易(如涉及接受危险工作的交易),奖品和荣誉,神恩,爱和友谊,犯罪行为。而在最重要的、应该禁止的"权钱交易"中,他主要关注的不是用权力掠夺金钱财富,而是用金钱购买政治权力,乃至为后代购买优质教育。

沃尔泽的复合平等的正义理论的确有助于防止"赢家通吃",防止一个人由于拥有某一方面的优势,就将这种优势扩大到所有方面,甚至因此对他人取得支配地位。大概是由于他所处社会的缘故,他更重视防止用金钱来购买一切。但我们知道,在另一些社会中,权力远比金钱更管用。在那些地方,更大的危险不是用金钱购买权力,而是用权力压制其他人的经济活动或掠夺社会的财富,即所谓"权力的腐败"。

顺便说说,罗尔斯在他的正义理论中也是主张阻断基本权利与经济利益之间的交易。他反对以利益之名,哪怕是多数人的利益之名来剥夺哪怕是很少数人的平等自由,所以他给出了正义原则的次序,只有先满足所有人的平等自由的原则,才能考虑公平机会和经济利益的分配。

不过,我们这里要讨论的是一般原则与特殊规则的关系。沃尔泽否定这些多元的特殊规则要依赖于一般的正义原则。他强调"地方性"。他说:"分配正义的每一种实质性解释都是一种地方性解释……首先有一种特征是我的论述的核心。我们(所有的人)都是文化的产物;我们创造并生活在有意义的世界里。"(*Spheres of Justice*,314)这些说法可能并不错,但是否还是有一些超越地方性的共享的生活意义和正义原则呢?

凯伦指出，沃尔泽的论证最后还是建立在一般的甚至是抽象的自由民主原则上，还是不得不超越地方性的理解。假如像沃尔泽说的那样，"道德方面的论证要诉诸共享意义"（*Spheres of Justice*, 29），那么这种论证就预设了我们的共享意义世界至少部分越过了我们所属的特定政治共同体的边界。

问题还在于，不仅是基本的生活意义、价值（善好），正义的原则是否更应该如此呢？或者说，那些最基本的人生价值，本身也可以用正义的原则规范来表述。而且，正义的原则倒是比人们对生活意义的理解更有可能，也更有必要达成超越地方性的普遍共识。而沃尔泽却认为一般的正义原则是不可能或不可取的。但是，我们在现实生活中不难观察到，如果说正义的标准有赖于人们对价值（善好）的看法，人们对什么是善好（应该追求的价值）的看法不是更容易发生歧义吗？即便是在同一个政治共同体内、在同一个地方，人们的价值观念也照样出现许多的差异。相反，不同的地方、不同的政治共同体内的人们，对一些基本的正义规范却反而较容易达成共识，比如对不能杀害无辜、不能伤害他人、不能让人因为缺乏物质的生活资料而死去，等等。

当然，沃尔泽的正义理论还不能说是一种道德的相对主义，他的观点和一些相对主义的思想，诸如利奥塔、德里达、福柯和一些后现代主义者，甚至和威廉斯的观点也都是有距离的。他认可正义是有规则可寻的，只是这些规则是多元的，且不可能依据一种普遍的道德原则。用巴里的话说，他更像是持一种约定主义的观点，即各个领域、各个社会的正义规则是要依各个领域的特殊性质和各个社会的人们对于善好的特殊理解而定的。这样，从总体来看，正义的规则自然是多元的，而且不可能用一些普遍原则来概括、提供依据或从它们引申出规则。

有不少学者指出，沃尔泽所提出的正义理论的一些正面主张，其实在美国的社会还是缺乏根基的。美国地方性的知识和共识并不支持他的主张，至少从历史和现实看是这样。这显示出他的理论的激进性，但即便说美国的地方性知识的趋势会朝沃尔泽希望的这个方向走，它怎么从目前的地方性知识中生长出来也是一个问题，是不是还得要借助更高的、超越地方和国家的普遍正义观念才可能生长？但这样做是不是会改变沃尔泽理论的基本主张？

即便是相当赞同沃尔泽的理论，认为其理论虽然不同于，但却优于现在的主流政治哲学的米勒也在上世纪九十年代指出，沃尔泽想证明医保不应依赖市场，但他的论证难以让人信服，因为从多数美国人现在共同的想法中无法推出这样的结论。就更别提沃尔泽主张的工业民主或者是扩展工人对工厂的控制权了。米勒认为，对此，十个美国人中有九个会拒绝接受。美国人打心底里信奉生命、自由和财产的基本权利。巴里也说：沃尔泽的一些主张无法诉诸大多数美国人的想法，因为大多数美国人还是信仰自己的建国文件《独立宣言》所揭示的普遍人权原则。当然，人们的观念可能发生变化，我们现在甚至可以说已经看到了诸多变化，问题在于，这些变化是不是还得要诉诸一般原则。我们看到，不仅沃尔泽的一些批评者，甚至赞许者也还是试图诉诸更为一般的原则。

比如米勒想强调平等公民身份理念在沃尔泽的正义观中发挥的

关键作用。他认为,如果在一个社会中人民享有一种基本的身份平等,这才能使诸如金钱和权力这样特定正义领域内的不平等变得无效。

巴里则认为:沃尔泽强烈反对一般理论,但只有这种理论能说出沃尔泽明显想说但又不能说的话:正义有其固有的属性,即便落后社会中的大多数人对正义有不同的理解,也不能动摇正义的这种属性。他更赞成罗尔斯的论证方法。在巴里看来,罗尔斯与沃尔泽看法一致的地方有:基本的公民和政治权利应当完全平等地进行分配,工作应当按照公平机会平等的原则进行分配,教育应当按照获益能力进行分配。罗尔斯还提出了差别原则以用于经济利益的分配。但巴里认为:罗尔斯的论证优于沃尔泽的地方在于先建立一般的正义理论,而后依据正义理论对这些标准进行阐释和辩护。

的确,在罗尔斯的正义理论中,其实也是有领域的明确区分的,在某种意义上,也可以说包含一种"复合平等"的含义。他的第一和第二两个正义原则适用于不同的领域。但他也认可、提出并努力论证一般的正义原则,乃至根据它们进行演绎。

罗尔斯强调一般的正义原则,但他的问题可能是将有的特殊原则也普遍化了,尽管他申明他的理论只是用于良序社会的基本结构。但即便如此,他的论证看来也至多能解释他的第一正义原则的普适性,而仍旧难以解释第二正义原则,尤其是差别原则的普适性。而有的更为基本的普遍原则,他反而没有单独提出,比如说保障生命与安全的原则。应该说,越是具有普遍意义的道德原则应该越是基本的,或者说越是接近道德底线才越具有普适性。而正如上面所批评的,在另一方面,沃尔泽则可能过于强调正义规则的特殊性了。

对沃尔泽的复合平等正义理论，还有一种来自事实的反对。在米勒看来，复合平等观面临的一项挑战是认为：人们在不同分配领域的地位有一种事实上不可抵挡的集中趋势，因此那种认为平等可以在不同地位中产生的观点是缺乏实践基础的。这是因为分配诸领域是互相关联的，在某一领域的高级地位也可能自然地趋向于转变为其他领域的高级地位。

我们也要看到，能力和智力也有相通的一面，有的人可能会在多个领域内自然而然地占据优势。阿内森举出了这方面的一个具体例子：有个男生赢得了学校里所有的奖项，竞赛是公平进行的，测试的技能也是学校理应测试的。尽管如此，如果还是认为一个男生在所有竞争领域都取得成功是不合适或不正义的，那么，是不是只有10场竞赛出现10个不同的获胜者，才是吸引人的平等理想的胜利？人们还可以提问的是：那么，是不是要打压那个非常全面的优胜者，哪怕这很可能只是一些个别现象？

不过要指出的是，沃尔泽对自己的多元正义观点还是有限制的，或者说是有底线的。他在"解释与社会批评"中，承认有些正义要求是贯穿所有文化的，在此意义上，这些要求可被视为"一种底线的、普适的道德范畴"。禁止谋杀、欺骗和暴虐均在此列。沃尔泽在《多元主义、正义和平等》一书的"回应"中也写道："书中有几章强调了一般道德在塑造分配原则上起的作用，无论是国际社会还是国内社会的分配原则。我承认这一点，尽管我不确定道德能在某种程度上从外部发挥作用，除非是一种底线道德。谋杀、折磨、奴役对任何分配过程来说都是错误的——它们之所以是错误的与社会物品的意义没有关系。"

由此看来，沃尔泽还是接受了一种普遍的底线伦理，而这种底线伦理恰恰主要是存在于"报的正义"而非"分的正义"领域里的。但也许正是因为他过度聚焦于"分的正义"，所以才在《正义诸领域》中常常忽略了这种普遍的底线伦理。而他在他的另一本著作《正义与非正义战争》中，倒是相当多地讨论并依据了一种普遍伦理。

无论如何，"复合平等"是一种富有启发的思路。在各个不同的领域和层面，应该有一些不同的正义准则，比如在个人的交往中、在自愿结合的团体中、在带有强制性的国家政治领域中，以及在国际关系的领域中，所采用的正义规则肯定是应当有所不同的，有的领域甚至不太适合谈正义，比如家庭，只要其中发生的事情不涉及违反法律和严重地影响社会。

但我认为：这种"复合平等"的地位却是次要的，甚至是次要的次要。首先，"报的正义"蕴含的一些基本原则应当置于"分的正义"之前（当然，"报的正义"的一些内容也应根据时代的变化有所改变）。其次，即便在"分的正义"中，无论是建设性的还是批评性的观点，也无法全然不诉诸某些基本的正义原则。而这些基本的原则是应该置于具体的规则之前或之上的。比如说，批评地方性文化中的寡妇殉葬、女性割礼等，就很难不依据一般的原则。

为什么今天我们还是应该重视，甚至更重视法律的、报应性的正义，将其置于更优先的地位来考虑？

首先是因为它涉及的问题之重，它涉及的是有关生命不被剥夺、伤害和压制，财产不受侵犯，基本的生存物质资料得到保障的重大问题。

其次是因为它涉及的范围之广，它不仅关系到社会中的一些群体——虽然是值得关心和照顾的贫困或弱势群体，还关系到这个社会的所有成员。司法正义的问题是所有人都要面对的，不论他是什么人。

再次，还因为这种传统的"报的正义"的原则往往在现代"分的正义"理论中被忽略。当代西方的正义理论和实践过于集中在权益分配，尤其是经济利益分配的领域。而我们最好取得一种恰当的平衡。

最后，这还和我们的国情相关，而且，这种逻辑的优先次序也是和历史正义的次序相吻合的。

总之，以上我的阐述和讨论只是从传统和现代、一般和特殊的角度，尝试提出一种对正义观念和理论的分析框架和优先次序，我期望它能够有助于读者理解这些译著，同时也展开自己的批判性思考。

致　谢

在本书写作的过程中，我得到许多人的帮助。最大的帮助来自彼得·莫瑞斯（Peter Morriss）。十几年来，通过书信和对话中，我们对这些论证的诸多版本进行了讨论。没有他的友谊和热情，写作本书的乐趣会比现在逊色许多。

正义第一次引起我的兴趣，是我在兰彻斯特读本科时，有机会选修罗素·基特（Russell Keat）和杰夫·史密斯（Geoff Smith）开设的政治思想课。这个课程——我正规教育的顶点——激发的兴趣，我关注多年，丝毫不减。两位良师使我受益良多。

本书由为利物浦大学而写的一篇论文修改完善而成。我感谢我的第一个导师特雷尔·卡弗（Terrell Carver）的帮助和鼓励，特别是他一开始就坚定地带我走上学术之路。社会科学研究理事会（SSRC❶）提供的基金使我能启动这项研究。我在布里斯托尔大学、东亚大学和怀卡托大学以及香港公开进修学院❷任职期间，一直研

❶　SSRC，即 Social Science Research Council，成立于 1923 年，是美国纽约一个独立的国际非营利组织，鼓励并资助新一代学者的创新研究，并将研究成果应用于实践及跨学科领域，促进对重要的公共问题的讨论。——译者注

❷　香港公开进修学院（Open Learning Institute of Hong Kong），1989 年成立，1997 年 5 月改名为香港公开大学。——译者注

究正义的这种解释。我特别感谢东亚大学开放学院院长邓·斯威夫特（Don Swift），他在极为艰难的情形下改善并维持良好的环境，使持续的学术研究得以可能。

我在本书中提出的许多论证——以及此后放弃的其他论证——在不同场合宣读的论文中出现过。我对多年来在这些场合收到的建议和评论以及许多对话表示感谢。特别感谢约翰·本森（John Benson）、约翰·布鲁姆（John Broome）、汤姆·坎贝尔（Tom Campbell）、帕特里克·戴（Patrick Day）、鲍勃·埃文（Bob Ewin）、马克·费舍尔（Mark Fisher）、劳伦斯·戈德斯坦（Laurence Goldstein）、基思·格雷厄姆（Keith Graham）、马尼·哈丁（Mane Hajdin）、珍妮特·哈钦斯（Janet Hutchings）、罗素·基特（Russell Keat）、大卫·拉姆斯登（David Lumsden）、托马斯·麦格内尔（Thomas Magnell）、诺曼·梅尔谢特（Norman Melchert）、大卫·米利甘（David Milligan）、塔里克·莫多德（Tariq Modood）、蒂姆·摩尔（Tim Moore）、亚当·莫顿（Adam Morton）、尼古拉斯·内森（Nicholas Nathan）、大卫·尼尔森（David Neilson）、罗博·塞尔（Rob Sale）和希勒尔·施泰纳（Hillel Steiner）。牛津大学出版社（OUP❶）的一位匿名读者提出了两个忠告；理查德·W. 博格（Richard W. Burgh）非常友好地将博士论文复印件寄给我；杰克·威欧斯（Jack Vowles）的鼎力相助使我在离开怀卡托大学之后，依然保证比以往更高的产出；苏西·冯（Susie Fung）很快准备好第一版打印稿，使我能赶在

---

❶ OUP，即 Oxford University Press，牛津大学出版社。——译者注

最后期限前竣稿。

怀卡托大学的学生是我的忠实听众，他们检验过这些论证中的许多个；在几年时间里，选修我的本科课程的学生阅读并讨论过这部手稿的早期版本。我对他们的评论和建议深表感谢，特别是大卫·乔特（David Choat）、杰西·穆利根（Jesse Mulligan）和肖恩·斯图尔特（Shane Stuart）。

在第四章、第五章和第七章，我使用了已经发表的成果，包括《请求（和承诺）是如何产生义务的》，《哲学季刊》，44/177（1994年10月），第439–455页；《论忽视权利的非正义》，《澳大利亚哲学杂志》，74/2（1996年6月），第313–318页；《应得与责任》，《加拿大哲学杂志》，26/1（1996年3月），第83–99页。

普鲁（Prue）、托马斯和尼古拉斯（近来）慷慨地为我在哲学上把关（当然，还有其他很多），并在进展不太顺利时伸出援手。

我的父母为我的研究工作做出了巨大的牺牲，他们首先教导我如何做人。此书也献给他们。

目 录
CONTENTS

001 | **第一章 正义的界定**

第一节 作为恰当性的正义的主要观念…… 002

第二节 实践理性的两种体系：地位与价值…… 005

第三节 作为一个地位体系概念的正义 …… 014

第四节 非正义与其他不恰当的对待…… 017

第五节 比较正义与平等…… 029

036 | **第二章 正义与应得**

第一节 应得…… 037

第二节 按应得对待…… 049

第三节 对应得的反感…… 057

第四节 作为应得的正义：问题案例…… 062

066 | **第三章 成员、整体与同伴**

第一节 作为成员与作为整体对待…… 067

第二节 作为伙伴关系对待…… 071

第三节 成员、整体、同伴和正义…… 081

094 | **第四章 承诺与请求**

第一节 守诺的约束力…… 095

第二节 满足一个需求的约束力…… 112

第三节 政治约束的请求理论…… 121

124 | **第五章 制度正义**

　　第一节 制度正义问题…… 125

　　第二节 权利还原到应得…… 130

138 | **第六章 惩罚与奖励**

　　第一节 惩罚与奖励的惯例…… 139

　　第二节 不奖惩的正义…… 143

　　第三节 奖惩的正义…… 153

159 | **第七章 应得与责任**

　　第一节 应得 – 责任论题的反例…… 160

　　第二节 道德 / 非道德的应得区分的解释…… 162

　　第三节 属性要求的解释…… 164

　　第四节 对待模式的解释…… 168

177 | **结语**

178 | **参考文献**

第一章 正义的界定

正义是一种美德（virtue）。在为人处世的过程中，那些避免产生非正义的人受到尊重，他们值得受到这样的尊重。一个有公正的法律且对利益与责任有公正划分的社会，比没有这么做的社会优越。但是，尽管正义是一种美德，却不是唯一的美德。这就产生一个问题：是什么将正义与其他美德区分开来？正义的独特之处是什么？本书将尝试回答这一问题，并解释正义的性质。

我将论证，正义的核心就是一个理念（idea），我们对正义所说的一切都是参照这一理念来理解的。这第一章的主要任务就是提出这一理念，并界定正义的概念，也就是解释，当我们决定自己该如何行动时，正义与我们使用的其他概念的关系。本章大体上是导言：我几乎不会对我提出的正义解释做辩护，或对反对意见做回应。不过，在本章末尾，我会简要指出，如何把我辩护的正义解释应用于比较正义（comparative justice）。

第一节 作为恰当性的正义的主要观念

我们先考虑下一种不公平的贬损性（derogatory）判断。假定我认为你靠不住。当你向我做出一个承诺时，我就故意避免信赖你；我也提醒其他人，不要信赖你。再假定，我发现，我认为你靠不住的这一信念是基于一种误解。我一定接受我的错误，并承认我的行为对你是非正义的。

我想指出，这个例子表明——清楚地呈现——所有非正义的表现形式，一目了然，与它相对的模糊例子也有这种形式，但没有表明。❶非正义地对待人，就是视他们为比原来更差或更低的人来对待；在他们并不缺乏某些能提高地位的属性时按他们缺乏来对待，或在他们没有某些会降低地位的属性时按他们有来对待。因此，我想捍卫的正义解释，其基本观点是，非正义的行为就是不恰当的（unfitting）行为；这种行为没有按一个人本有的地位对待他。

上例讨论的属性——诚信（trustworthiness）——是一种美德：它可以影响地位。值得信赖的人，优于不值得信赖的人：诚信提高了其拥有者的地位。这是因为，诚信是（或被认为是）一种美德，把一位值得信赖的人作为不值得信赖的来对待，是（或被认为是）

---

❶ 参见"关于非比较的非正义的最清晰的例子，就是非正义的奖惩、价值分级、贬损性判断。在这三类活动中，从正义的角度看，第三种是最根本的……"（乔伊·芬博格，《非比较正义》，载《权利，公正和自由的界限》，普林斯顿，1980，第 268 页，着重号为引者所加）。

非正义的。如果诚信与拥有一头金发一样，不是一种美德，那么，我把你当作不值得信赖的人对待，就不是非正义的，尽管或许是不合适的。非正义与一种能影响地位的属性之间的关系，并不是偶然的：它出现在所有不公正的情形中；其实，它是正义的真正本性的一部分，或者我会这样论证。（正因为正义本身就是一种美德，因此，如果把正义当不正义对待，就有可能对正义做出非正义的行为。在这种情况下，能影响地位的属性本身就有做出正义行为的倾向。但是，在大多数非正义的情形中，影响地位的相关属性显然没有做出正义行为的倾向。）

因此，非正义的行为就是不恰当的行为，而不恰当的行为不一定是非正义的行为：有些行为不恰当，但不是非正义的。我们可以说，在法庭上蔑视法官的人——或许拒绝起立，大爆粗口，等等——他们不恰当地对待法官，低看他们，但我们拒绝说这样的行为是非正义的。在这类情形中，我们或许会说不敬。并非所有不恰当的行为都是非正义的：不恰当性是属（genus），而非正义是这个属内部的种（species）。正义是一个概念家族的一员。这就提出一个问题：哪些不恰当的行为是非正义的？如何区分非正义的行为与其他不恰当的行为？我将在下文论及这个问题（第一章第四节）。

对正义的这种解释不过是重复一个熟知的观点：正义的行动就是按所有人应有的（due）对待他们。但是，这两个观点并不等同，承认正义具有恰当性，远不止承认正义就是给予应得的一切。考察按权益（entitlement）和需要（need）来对待的原则，就会看到这两种观点的区别。假定我没有尊重我们签订的契约，你将我告上法庭；

假定法官接受我的贿赂，因而做出对你不利的判决。你抱怨说，你得到了非正义的对待，你的权益被剥夺了。显然，是你应得的东西被剥夺了。但是，这显然绝不是你受到不恰当的对待。有权获得某些东西，并不意味着变得更高贵、更富有以及地位的提升。那么，我们为什么应该假定，如果在我们被赋予时被当作未被赋予来对待，就是受到薄待了呢？

同样的观点也适用于需要的情况。有人认为，至少在合适的环境下，公正的行动要求资源按需分配。这种观点并未对正义就是给人们应得的一切这一断言提出疑问，因为可以不无恰当地说，人们应得的就是他们需要的。但还是看不出，不按需分配就是不恰当地对待每个人，因为需要不是一种能影响地位的属性（或至少一般不这么认为）。需要不会提高（一个人的地位）。但是，如果需要并不是一种能影响地位的属性，不按需对待显然就不是不恰当的行为。

正义就是给人们应得的一切，这一观点能容纳诸如权益和需要这样的考量，因为从"给予每个人应得的"这句话，不可能指定每个人应得的是什么。作为恰当性的正义的包容程度没这么大。因此，这样解释正义争议更大。我们可以赞同正义就是要求所有人得到应得的，而无须由此沉溺于如何确定应得这一问题。如果我们认为正义是恰当性的，情形就完全不一样了。一旦我们采用这种解释，就承认正义所强调的是由我们为避免薄（厚）待人们而需要的东西决定的。我不敢妄言，这个问题总能得到简单或清楚明白的回答，但我敢断定，要探究正义需要什么，就一定要这么做。

第二节　实践理性的两种体系：地位与价值

正义是一种实践美德，它关注我们该如何行动。说一个行为是非正义的，就是说，至少在其他条件相同时，不应该做出这种行为。然而，错误的行为方式有很多种，非正义的行为只是其中之一。在行动理由的语言中，我们说一个行为是非正义的，就是指有理由（但不一定是最终的理由）不做出这一行为。理解正义的性质，就是理解哪一或哪几种行动理由使与之相反的行为变得非正义。❶

人们在思考该如何行动时，运用许多不同的概念，有许多不同的关切。这就出现一个问题：如何把这么多概念和关切相互关联起来。是它们形成一个连贯的体系，还是我们的道德思考分散在各不相同、基本上独立的多个体系内？我想提出，我们至少要运用两个不同的体系——我指的是地位体系和价值体系——没有任何理由认为，其中一个可以还原为另一个。

地位体系的基本假定是，存在（beings）或实体（entities）存在于某种层面上，且具有某个特定的地位。要点是，存在和实体的地位可高、可低、可平等。我使用"地位"一词的一般意义，就是在

---

❶　在判断对正义概念的解释是否合理时，有一个要素是，这一解释要能澄清一个事实：说一个行为是不正义的，就意味着有理由不采取这一行为。从字面上看，这相当于驳斥下述任何一种提议：正义本质上是一个产生具体分配模式的问题。仅仅创造一种模式，就能提供行动的理由，这是一种不合理的看法，更不要说审美方面的考虑确实太少，不足以形成正义的基础。诚然，一种特定的模式或许源于正义的行为；但是，产生一种模式并不是正义行为的理由。

比如我们争论胎儿或动物的（道德）地位，或我们宣称自由、理性和有感情的生物要比没有这些属性的生物更高级时的意义，以此作为衡量优劣的尺度。我不会用这个术语指涉"社会评价的荣誉"（social estimation of honour）❶。我也不会参照他人的信仰或行为，用"地位"定义我们的地位。

在分层（hierarchy）或刻度（scale）中，不同的地位层次是指等级（grades）、阶层（ranks）或程度（degrees）。赋予一个具体地位，其基础是一些能影响地位的属性，包括美德和恶习、优点和缺点、品质和瑕疵。我们通常说，高层次的人是高贵的、值得赞扬的、令人敬畏的、庄严的、神圣的、有声誉的、值得尊重的和高贵的；低层级的人则是低劣的、卑鄙的、无价值的、不受人尊敬的、卑微的、粗鲁的、不高贵的、亵渎的、无声誉的、堕落的和卑劣的。

有时，东西或实体有可能上升或下降，改变其层次或地位。因此，我们说提升、变得高贵、神化、变得高尚、提高、奉献和文明；也会说贬低、降低、玷污、变得卑劣、羞辱、亵渎、丧失人性和野蛮；还可以说降低和自由提升。我们能降低自己和他人的地位，能自我贬低和羞辱。自我实现（self-realization）这一概念——通过实现某个已存在但潜在的更高性质，达到一个更高的地位——在此找到了

---

❶ 这个短语来自韦伯，可参见《马克思·韦伯社会学论文选集》，H.H. 格斯（H.H.Gerth）和 C. 赖特·米尔斯（C.Wright Mills）编译，伦敦，1970，第 187 页。

自己的家园。❶

我们还会说，按一个存在本来的地位对待它，或不这么做。我们会说，比如，赞扬那些值得赞扬的人，表扬那些值得表扬的人，敬畏那些值得敬畏的人，崇拜那些值得崇拜的人，等等，以此表示尊敬那些值得尊敬的人。我们会蔑视那些令人蔑视的、鄙视那些令人鄙视的人。以这样一种方式对待一个存在，即按原本的样子对待它，也就是适当地、合适地或恰当地，以适合它的方式对待它。

但是，我们也有不恰当的行为：以比适当方式高或低的方式对待他人。我们奉承、赞扬那些不值得赞扬的人，尊重那些不值得尊重的人，就是厚待他人（treat people as higher than they are）。在应该尊重时没有表现出尊重，不该蔑视时表现出蔑视，或值得赞扬时拒绝赞扬，就是薄待他人（treat people as lower than they are）。我们要实现正义。薄待人，（有时）就是对他们的非正义。相反，正义地待人就是恰当地对待他们——按他们本来的样子对待他们。这样，正义就在各种恰当和不恰当的对待形式中找到了自己的家园。

地位体系及其概念被广泛应用。表达地位及其相关概念位置的高度比喻（height metaphor）也是如此。我们会说高级动物、高级身份、高级法院、高级部门；天堂在上，地狱在下；法官坐在法庭上，

---

❶ 自我实现的目标假定，一个人真正的自我实际上是一个更高的自我。否则，自我实现的论证只有一个目标——克服异化或疏远，因而容易遭到一种反驳：即使一个人会有一个真正的基本自我，也有理由——尽管不是最终的理由，但仍然是理由——去实现这个基本的自我，进而克服异化。自我实现这一论证，如果结合两种看法——只要有理由，我们就提升自己与他人；能提升多少——来理解，就可以避免这一反驳。

重要人物在会议中坐在主席台上，等等。高度比喻并不是我们采用的唯一比喻，考察地位体系的其他一些概念的语源，会让我们关注其他比喻。因此，"污损"（defile）源于犯规或玷污，"堕落"源于使折弯，"诋毁"源于抹黑。尽管如此，高度比喻在我们的思想中占主导地位。❶

那么，价值体系又如何呢？采用这一体系的人声称，任一情况下的正确行为，是那些有可能带来最大价值（或预期价值）的行为。正如摩尔（Moore）指出的，我们需要的行为是"在宇宙中产生最可能多的善"的行为。❷ 这显然是功利主义的核心观点。功利主义存在诸多变种，但它能成为一个单独的思想体系，是因为认可或采用一个核心观点：正确的行动使善最大化，并产生尽可能多的价值。

功利主义是一种有吸引力的理论，其合理性就源于上述核心主张的合理性。我们想知道，如何才能否认，我们应当尽力创造善或创造更多而不是更少的善？并且，一旦接受这个核心主张，经典功利主义的其他部分也——轻易和不可抗拒地——顺理成章了。经典

---

❶ 关于这个比喻的讨论，可参见巴里·施瓦茨（Barry Schwartz）的《垂直分类》（*Vetical Classification*）（芝加哥，1981）。施瓦茨证明，这个比喻在不同文化中有出人意料的广泛应用（同上书，第 40 页之后的内容），尽管或许不是普遍应用（第109-110 页）。他提出，这个广泛运用的特定比喻，可以用亲子关系来解释。亲子关系是"普遍的，随时随地都可以见到，并在道德和生理上表现出明显的不平等……父母与孩子的身体差异代表社会不平等的密码。这一生理对比如何成为一个密码，可以通过学习规律来解释"（第 100 页）。

❷ G.E. 摩尔，《伦理学原理》（*Principia Ethica*），剑桥，1903，第 147 页。（中文版可参见《伦理学原理》，长河译，上海人民出版社 2005 年版。——校者注）

的功利主义是这一思考方式自然而然得出的结论，试图拒绝这些结论的变种都是拙劣的权宜之计（*ad hoc*）。实际上，经典的功利主义不过是界定什么是理性的行为。尽管功利主义者的一些结论看上去令人不快，但是，如果只有功利主义者的实践理性体系——价值体系——能解释什么是理性的行为，这些结论就是无法反驳的。

地位体系和价值体系的一个共同特征是，如果不采用或预设与体系密切相关却又与其截然不同的理论，它们将一筹莫展。只有愿意钻研"什么有价值"这一问题的人，才能使用价值体系，正如只有预设了分配地位的意愿存在，才能使用地位体系。只有有了令人满意的价值理论，才能用价值体系做出判断，正如要运用地位体系的概念做出判断，就要先有地位理论。这并不是要否认我们常常视为理所当然的价值问题和地位问题；例如，我们经常假定，幸福是有价值的，或所有的人都有完全平等的地位。

重要的是不要把价值与地位混淆。在同时提到价值和地位时，可以使用一些一般术语，如"善"和"恶"，"更好"和"更坏"。甚至有可能合理地认为，地位有时是一种有价值的实用功能或产生幸福的能力。以使用为目的而制造出来的人造物，根据其有用性判断，通常有价值。这一点不足为奇，因为我们制造东西（通常）就是为了使用。但是，这不能从某个对象因有具体地位而有价值这一事实，得出"地位"和"价值"是同义词。人类、动物、艺术品的地位——如果最终——并不仅仅由其各自创造价值的能力决定，那么，我们通常假定，除了有用性之外，确实还有其他带有地位的属性，或产生我们认为有内在价值的任何东西的能力。

价值和地位体系呈现出很多可比性。第一，尽管这两个体系将简单性和复杂性合在一起，但它们的简单和复杂却表现在不同方面。功利主义是一种假定普遍适用的后果主义理论，这带来了复杂性。功利主义者必须尽力谋划未来的样子，在理想情况下，一定要尽力评估所有可行行为的一切可能后果。功利主义者必须向自然科学和社会科学取经，接受博弈论、风险分析等。按功利主义的解释，决定一个人该如何行动是一项极其复杂的任务。但是，简单性也是功利主义以及体现它的实践理性体系——价值体系——的一个显著特征。复杂性只出现在运用而不是理解这个体系时。就概念而言，功利主义者能熟练地区分价值与贬值（积极的和消极的有用性）、手段与目的。但是，他们难以想象一个更简单的实践理性体系——有人认为是优雅的，也有人认为是贫乏的。

功利主义的优雅的简单性和概念的经济性，是通过回避分类实现的。而使用地位体系则往往涉及对分类方案的运用，这些方案通常较为复杂。地位理论是分类理论，地位体系包含许多概念，它们在分类和错误的分类中获得自身的意义。地位体系内放置的一系列概念，使这一系统内的推理显得混乱，且依赖直观。地位体系内对秩序的渴望能够导出一个观点：地位体系与巨大的存在之链（the great chain of being）（和完满原则）这个概念一样，有单一（和完备）的分层或刻度。但是，运用地位体系内的概念，并不意味着相信任何具体的分层。使用概念体系时，可以结合不同的刻度组、参数、美德以及能影响地位的不同属性，还有能在不同刻度中占据不同位置的具体实体和存在，当然，通常也是这

么使用的。我们运用地位体系时只有一个要求：赞同它使讨论（不同）层次变得有意义。❶

地位体系的简单性——至少在理论上——源于其运作方式。要决定正确的行为，就要有复杂计算，而复杂计算并没有算法；毋宁说，要避免堕落和不恰当的对待，只需对允许的行为过程施加相对简单的限制。

如果我们比较一下使用的量化（quantification），就可以看出这两个体系的第二个对比。采用价值体系的功利主义强调量化。如果要最大化，量化是基本的。当然，能否实现量化则是一个开放的问题。地位体系并没有同等的量化动力。这不是否认某些对待形式可以涉及量化——比如三声喝彩，或二十一响礼炮。但是，尽管这些量的序数（ordinality）通常对应于被标记的相对地位，但基数（cardinality）通常是任意的。因此，即使地位体系在这里简单尝试一些量化，通常也只是一种相对肤浅的量化。

第三，这两种体系体现的对必需的行为与存在二者之间关系的看法大不相同。当采用价值体系时，我们认为，做不做出改变的行为，都是有理由的，如果这样，我们就可以创造有积极价值的东西或破坏有消极价值的东西，进而认为，我们的行为是创造性的或破坏性的，

---

❶ 地位体系的复杂性反映在我们大多数人践行实践理性的方式中。我们在推理时，几乎不会只使用价值和贬值、实际效果与预期效果等词项，而是使用地位体系的概念——尊重和蔑视、美德和恶行、高贵和堕落、正义和荣誉，等等。研究这一体系的这些概念的文献眼花缭乱，通过这些概念，又可以探究冲突、困境和悲剧。甚至可以冒昧地说，正是地位体系的复杂性——过多的分级、各种数不清的讨论——才有可能产生丰富多彩的文献。

保护性的或预防性的。我们看到，根据摩尔的观点，我们将在宇宙中创造最可能多的善。功利主义的核心观点是，行动的目的是创造、实现那些有价值的东西。❶当我们转向地位体系时，就不关注创造和破坏，而是把行为看作（恰当或错误的）对待，或对现在或将来存在的事物的提高或降低。只要其本质或潜能允许，我们就会提升现在或将来存在的东西。我们鼓励人们过高贵、善良、文明的生活；我们应该在并非不恰当的地方，尽力阻止人们过那种受蔑视、无价值、不文明、受剥削和野蛮的生活。但是，这不是假定我们有理由尽量"将地位最大化"，比如，通过将基本的事情加诸许多高贵的人。创造高贵的人本身（*per se*）不需要这样的行为。

因此，我们有理由否认，价值体系就是直接列出种种合理的需要，是实践理性的唯一体系，因为我们无须认为我们的行为完全是建设性或破坏性的，或阻止性或保护性的。确实可以这样看待某些行为，但最重要的是，坚持认为所有的行为要么是创造性的，要么是破坏性的，也是一种扭曲：如果把一个人进入神圣场所的亲吻或脱帽或脱鞋等行为，解释为他想产出什么东西，就几乎无法理解他。（当然，这样的行为是有效的。）解释这些行为的相关概念不是创造和破坏，而是对待和表达。

----

❶ 或许，这一关切特别适合那些自认为有能力、甚至义不容辞地发挥作用的人：把人看作生产者和创造者。而其他人则把这一作用留给上帝。当然，功利主义在历史上通常与人本主义价值观（幸福、福利、快乐、满足爱好）相连。但是，即使功利主义对行为的理解也是人本主义的，因为它坚持认为，我们的基本责任是创造，功利主义不鼓励人们相信神和人类有不同的终极目标。

功利主义以一种特殊的方式来看待行为；它使用的模式如果在应用时不加限制，就会扭曲变形。当考察行动的理由时，功利主义者的路径也会导致扭曲。这时的倾向是，假定行动的唯一理由就是去创造、破坏，等等。我们努力提出的观点与特定社会中的特定阶级有关。这是生命的唯一目的或所有行为的目的，但不是显而易见的。

有了这些鲜明的对比，就可以合理地认为，这两个体系截然不同。不仅每一个体系都有自己独特的论证模式和行动理由；而且，当我们从一个体系转到另一个体系时，连看待行为的方式本身也发生了变化：一个体系关注应该存在什么，而另一个体系则关注我们在解决这一问题后该如何行动。鉴于这一根本区别，很难看出如何在不扭曲的情况下，把一个体系还原为另一个。❶

---

❶ 一方面，地位体系与价值体系之间的不可还原性是两者诸多相似点中的一个，另一方面，亚里士多德体系和牛顿体系都可以解释物体为什么会运动。按照亚里士多德的论述，物体趋向于朝其恰当的位置运动——土的位置最低，然后是水、气和火。因此，土和水趋向于下降，而气和火则趋向于上升。亚里士多德的解释使用了一个恰当位置或自然位置的概念。这一解释与地位体系一样，严重依赖质的区分，几乎没有量的位置。牛顿的解释基于重力物体之间的相互引力。这一解释尽可能规避质的区分，并且避免讨论恰当位置或自然位置；它与功利主义一样，是量化的，它的基本假设惊人的简单而优雅。亚里士多德和牛顿的体系大不相同，导致对物体运动的解释也大不相同；由于观念体系如此不同，以至于如果这两种解释不可还原，我们也不会感到奇怪。在解释物体为什么会运动时，我们使用的观念体系极为不同，同样，在解释人们应该如何行动时，我们使用的观念体系也极为不同。

第三节　作为一个地位体系概念的正义

我们把正义观念放入一个具体的观念体系——地位体系中，由此确定它在道德思考中的位置。但是，将正义视为地位体系的一个概念，有什么影响呢？这样看待正义，将会影响我们对三个问题的回答。第一，影响我们将什么视为正义的主要领域。我们把正义观念应用于主体、行为和事态。我们评论人、他们做的事情及其结果（行动或不行动的后果）是否正义。可以合理地假定，对正义的任何解释都会把这些应用中的一种视为前提，要求参照正义在主要领域的应用，来理解它在其他领域的应用。承认正义处于地位体系中，以及正义作为恰当性，就是认为行为在正义的范围内是第一位的。可以把正义理解为恰当地对待，我们通过行动（或不行动）对待（某人）。因此，可以把正义的人理解为有正义行动倾向的人，把非正义的事态理解为非正义的行动或不行动造成的。

第二，将正义视为一个地位体系的概念，将影响我们对为什么要采取正义行为的看法。当我们采取非正义的行为时，它影响我们对采取相反行为的种种理由的看法。正如我们已看到的那样，我们区分存在者或实体地位的提升或贬低，并不按他们的实际地位来对待他们。因此，可以区分贬损性的行为与不恰当的行为：前者贬低人或有这一趋向（低看人、认为他不可靠的行为，侮辱的行为，等等），后者更低地对待人（薄待人、把他当作不可靠的人对待的行为，不敬的行为，等等）。这一区分反映了我们通常假定的且地位体系能容纳的两种行动理由之间的区分：我们不贬低或阻止提高的理由；我们不以不恰当的方式，按不同于存在者和实体的实际地位对待的理由。因此，承认正义是一个地位概念，就是承认在我们有非正义的行为时采取相反行为的理由，即我们不得不按存在的实际地位对待它的理由。如果我们承认正义作为恰当性，这就是我们必须做出正义行为的理由。

我不是主张我们确实有这样一个行动理由，而是说，倘若没有这一理由，就没有正义行为的理由。我们给不出应当按存在和实体的原有地位来对待它们的理由，在这个意义上，我不想说这个行动理由一定是原先的理由。当然，这一行动理由不同于我们务必将有价值的东西最大化的理由。但是，我不想排除其他可能性，例如，我们有责任做出正义的行为这一主张，最终依赖于另一个责任——不贬低别人。但我不会追究这种可能性。

最后，我想指出，将正义视为一个地位概念，对一个问题——关于正义和非正义的任何实质观点，其前提是什么——的影响。对正义的实质问题持异议的人，到底对什么有分歧？这些实质的分歧是如何产生的？如果我们承认正义作为恰当性，那么，分歧的主要源头有两个。

第一，分歧来自能影响地位的属性。如果我们对一个属性是否会影响所有者的地位有分歧，就会对什么是非正义的对待有分歧。使用地位体系的前提是，我们核查带有地位的东西是什么，而对属性如何影响地位产生的分歧，会直接对正义需要什么产生分歧。

其次，对正义的实质问题的分歧，源于对对待某人——具体属性的承担者——有哪些成分产生的分歧。比如说，如果你认为，一个具体行为把对待变成不值得信任的，而我不这么认为，那么，我们对这一行为的正义性就有分歧，但我们都赞同诚信是一种美德（以及哪些人有这种美德）。这类争论涉及对行为的解释，即行为附带的意义。争论的关键是行为的意义。这个意义不需要与这一行为的观察者从中推断的意义一致，也不需要与行为者的实际信念一致。我们做的事情的意义，与我们说的话的意义一样，不同于我们的听众推断的意义，不同于我们自己的信念。如果我把你当作不值得信赖的人，而你并非如此，那么，即使我并不认为你不值得信赖，对你也不是正义的。即使在惩罚者认为无辜者没有犯罪的情况下，惩罚无辜者也是非正义的。如果只要看低别人就算非正义的行为，就可以合理地说，我们是否做出这一非正义的行为显然取决于我们的实际信念。关键不是我们的真实信念与正义不相关，而是我们持有的正确信念不足以避免非正义。

正义的性质问题以及正义是否确实是一个地位体系概念这一问题，本身都是重要的问题。按照我们附于正义的重要性，几乎不可能将其性质视为一个无关紧要的问题。但是，如果这些论证言之成理，就能表明，我们如何理解正义，会影响我们理解对正义和非正义产生的分歧，影响我们对这些分歧的解决。因此，我们并不仅仅关注关于正义性质自身的解释。将正义视为一个地位体系概念，有望阐明人们在正义的实质问题上产生分歧的关键。

第四节　非正义与其他不恰当的对待

尽管我要断定所有的非正义对待都是不恰当的，但是，我不会断定所有的不恰当对待都是非正义的。我们可以将非正义与其他不恰当的对待形式区别开，显然，按照通常的理解，正义这个概念当然不会把某些不恰当的行为称作非正义的。我们如何做到这一点呢？如何将非正义与其他不恰当的对待区分开呢？

我们不要指望能在非正义和相近概念——比如，不敬和鄙视——之间划出明确的界线；我想提出，有大量的考虑鼓励或阻碍我们将具体的不恰当对待称作非正义的。不愿将不恰当的行为称作非正义的，有两个源头或其中一个源头：怀疑被对待者能受到非正义的对待；怀疑主体的行为能做出正义的对待。第一个要求——被对待者一定要能受到非正义的对待——提出的问题是：谁有资格获得正义？第二个要求提出的问题是：谁能做出非正义的行为？如果某人能做出非正义的行为，比如不应有的蔑视或未表现出应有的尊重，那么，我们必须假定需要满足哪些条件呢？我将依次考察这些问题。

谁或什么能受到正义和非正义的对待？谁有资格获得正义？有一些相当清晰的情况：我们通常认为，对待人可以正义或不正义，而不恰当地对待自然环境、书籍、建筑、重要的符号（例如，旗帜）和圣地，我们则称为蔑视或未表现出应有的尊重。我们可以蔑视一颗行星，但几乎不能对它做出非正义的行为。不恰当地对待动物尤其是高级动物，是否就能说是非正义的行为，这个问题更具争议性。如果我们认为这种对待不是非正义的，那么，我们如何区分我们使用的尊重、鄙视和正义呢？我们假定有一种存在物能受到非正义的对待，那么与之相对的没有得到应有的尊重相对的存在物是什么呢？

我想提出，我们这里要区分两种生物，一种存在有能力（或也许能产生这一能力的潜力）将自己受到的对待理解为恰当或不恰当的，而另一种则没有。这种能力又预设被对待者有或潜在地有关于自我及其地位的观念，有能力将自己遇到的事情，解释为一个有具体地位的生物受到的对待的一部分。❶我们把正义和非正义（以及应对无礼的能力）的对待限定于一些生物，我们假定他们有意识（包括对地位的意识）能力和解释能力（或者产生有这两种能力的潜力），

---

❶ 人们普遍接受的是，至少就某一点而言，仅凭有产生自我意识和解释能力这一潜力，就有可能不恰当地对待一种生物，而不会表现出应有的尊重。但是，单凭这一点，是否就可以说这种不恰当的对待就是不正义的，这个问题未有定论。

这与对接受者和否认尊重的限定是不一样的。❶ 如果这些能力确实能区分我们认为能受到非正义对待的生物和不能受到非正义对待的生物，那么，我们一定会承认，如果我们认为动物有这些能力，它

---

❶ 罗尔斯声称，道德的人是"应该得到正义保障"的"一类生物"，他们的独特之处在于，他们"有（并认为他们有）能力形成善的观念"，"有（并认为他们能获得）正义感"（约翰·罗尔斯，《正义论》，牛津，1972，第505页）（《正义论》的相关译文参照该书中译本，何怀宏、何包钢和廖申白译，中国社会科学出版社1988年版——校者注）。罗尔斯不是宣称道德的人格是获得正义的必要条件，而只是宣称它是充分条件。意识能力和解释能力是罗尔斯的隐含条件。可以说，能形成善的观念的生物，应该得到正义的保障：但是，这类生物有能力把一种善构思为自身的善，按说就一定有自省的能力。可以合理地认为，罗尔斯的这一（充分）条件超出了必要条件的范围，因为看不出我们有什么理由否认，一种有自我意识却不能形成善的观念的生物，不会受到不正义的对待。（能形成善的观念的存在一定是自由的，因而会受到不正义的对待——认为他们不自由。生物只有具备这种能力，才是自由的，因而只有具备这种能力，才会受到这种不正义的对待。但是，由此显然不能得出，他们是唯一会受到这种不正义对待的生物。）而且，把罗尔斯的第二个条件——有正义感——与意识到自我和地位的能力和解释能力联系在一起，似乎也是合理的。难以想象，缺乏这些能力的生物会有正义感。可以合理地认为，我们的自我观念至少大体上是以他人对待我们的方式为基础建构出来的。就此而言，一个生物受到不公正的对待，就是他的自我概念和地位概念受到威胁。这种对有意识的生物的自我理解产生威胁的能力，大概就可以解释，为什么他觉得自己受到不正义对待时会出现一个如此醒目的特征——有能力促发强烈的情感反应，这也就是为什么当我们觉得自己受到不正义对待时会感到怨恨和愤怒。当我们受到的对待（比我们认为的）低时就会怨恨。我们会猜疑我们的地位，当那些我们认为不能与我们平起平坐的人得到与我们同等的对待时，我们会猜疑；我们认为的那些并不比我们优秀的人受到的对待高于我们，我们会嫉妒。

我们不会去论证动物没资格获得正义，这只是因为，它们不能给出正义。最终可以证明，不能给出正义的，就不能拥有正义，但是，不能给出正义本身似乎不能排除一种生物有资格获得正义。正义属于能给出正义的生物，这确实需要理由，但对不能给出正义的生物不适用。这一理由或许基于互惠性（reciprocity）："能提供正义的生物就应当得到正义……提供正义的生物，受到正义的回报，就是实现互惠原则的最高水准"（《正义论》，第510—511页）。那些不能互惠互利的生物，不应该获得以互惠原则为基础的正义。当然，这并不必然意味着那些不互惠互利的生物就不应该得到正义。

们就会得到该有的正义。这看起来是合理的。

对这一区分的解释符合一个广泛认可的观点：应该得到正义的生物（与纯粹的尊重相对），其地位高于不应该得到正义的生物。（我认为，主张应该得到正义的生物地位高于不应该得到正义的生物，是把不恰当地对待动物说成非正义的那些人与没有这样说的那些人的共同根据。）一般而言，意识到自我及其地位或至少有这一意识能力，并能理解它被对待的生物，其地位高于没有这些能力的生物。

最后，我们要指出，要把这个条件合理地关联到正义，至少要把正义看作恰当性概念家族的一员。它并没有引入外来的概念，来限定不恰当的对待要成为非正义的对待就必须满足的一个附加条件：地位和对待这两个概念就是正义所在的那个体系的核心。生物要受到正义或非正义的对待，还必须有一个要素：他们一定能在某种意义上理解地位和对待这两个概念及其在自身的应用。按有没有这一要素区分生物，其意义如此之大，以至于我们想在按恰当和不恰当对对待进行分类时指出这一区分，也几乎不会出人意料。

接下来，我讨论的问题是，一种生物要能做出非正义的行为——与比如不应有的蔑视或缺乏应有的尊重相对——需要满足哪些条件？如前所述，我们不是期待精确的条件。不过，在一些情况下，即使一种行为是不恰当的，而且被对待者是人，我们也不倾向于说这种行为是非正义的。

如上文所示，正义与分类（classifying）密切相关：非正义涉及一种特定的错误分类（misclassification）。非正义地待人，就是对做出他们的行为与他们所属的那个类的实际地位不符。分类就是判断，错误的分类就是错误的判断。因此，非正义涉及误判，而正义则是那些做出专业判断的人追求的最高美德。

这样，我们可以说一个判断错了，是一个误判，并以此为由否决它。但是，如果我们觉得这个判断超出了判断者的能力范围，也会对它产生怀疑。当判断者的任命有明确的程序时，判断者的能力更受考验。如果在任命裁判、最高法院的法官、外审专家等时没有遵循合理的程序，就可以拒绝接受他们给出的判断，不是因为这些判断是非正义的，而是因为它们是不具备必需的能力或权威的人做出的。

在受规则制约较少的情况下，例如，一个人因无知，尤其对整个过程的性质一无所知，就没有资格做出判断，我们可以以能力为由，拒绝接受他给出的判断。如果我断定，在古典哲学领域，史密斯是比布朗更杰出的学者，而我不识希腊文，对这一领域也知之甚少，你就可以说，我的判断是非正义的。但这是客气的说法——对我的判断给予不应有的尊重。更好的评价是：我并不了解讨论的话题，没有能力对这些问题做出判断。

能力问题比判断问题有一定的优先性。如果你成功地挑战我（在一个特定情境中）的判断能力，就让我（在这一情境中）的所有判断陷入疑云之中。你不需要再对这些判断做出评价，尽管你可以选择这样么做。你会说，我没有能力判断一个图书奖，尽管我碰巧没把它搞砸。

接下来，我想指出，如果我们由于某种原因，认为行动者的能力或权威不足以做出判断，那么，我们不会将表达这一判断的不恰当行为称为不正义的。正义和非正义适用于那些不缺乏（或被认为不缺乏）

任何必需的判断能力的人。对鄙视和不敬（和侮辱），则没有这样的假定。

即使在认为被对待者并不缺乏意识能力和解释能力时，说不恰当的对待就是非正义的对待，也是不合理的。看看这类不恰当对待的一些例子。对比法庭上的法官和被告，如果法官把很小的罪行当作罪恶，就可以说他的行为是不恰当和非正义的，而对辱骂法官的被告，只能说他的行为不恰当，带有蔑视性质，但不能说是非正义的。如果我们承认法官的不恰当行为是非正义的，而被告的不恰当行为不是非正义的，就默认法官不缺乏而被告缺乏做出判断的任何权威。

一场比赛中的运动员与裁判或仲裁人之间的关系，与此类似。裁判要做出判决，如果判决错了，就是非正义的。但是，如果运动员辱骂裁判，尽管裁判受到的对待是不恰当的，也只能说，运动员蔑视裁判，未给予他应有的尊重，而不能说他对裁判是非正义的。这里还是相当于承认，裁判有判罚的权威，而运动员则没有。

法庭上的法官和足球裁判有做出判罚的能力，这通常都是无可置疑的。因此，说法官或裁判的判罚是不正义的，就默认法官或裁判应有的能力，因为它是不容挑战的。如果是能力不足（除非受到挑战）的情况，那么，用"正义"和"非正义"就是否定上述否决，也就是说，做出判罚的人其实是能胜任的。运动员辱骂裁判，或许是对裁判的非正义，可以这样说，但这样说不是针对运动员有对待裁判作为裁判的资格，而是针对承担裁判这一职责的那个人。换言之，针对的是超出认为裁判有权威而运动员无权威的那个情境。在这个更广阔的情境中，我们认为运动员并不缺乏对裁判——承担裁判职责的那个人——做出判断必需的能力，因此，可以说运动员的行为或许是非正义的。

由于缺乏必需的自然权威和传统权威，不恰当的行为或许不会是非正义的。设想有一个上帝，具有通常赋予耶稣的种种特征。让我们假定，祂值得我们任何人的信任。如果我不信任一个值得信任的朋友，我的行为就是非正义的。如果我不信仰上帝，就是对上帝做出非正义的行为吗？至少不倾向于这么说。不信上帝可以是不虔诚的，没有表现出真正的尊重和敬意。但是，说某人对上帝做出非正义的行为，本身就是冒昧的；这是在承认一个错误，但承认时没有表现出应有的敬重。

我们不愿说我们对上帝的不恰当对待是非正义的，这反映了我们的前提：上帝的地位较高。把我们对上帝的任何对待称作非正义的，就是暗自否认我们缺乏对上帝做出判断的能力。但是，地位较低的被判断者不具备做出判断的资格——或者一直就是这样认为的。普通人不能对贵族做出判断，被统治者不能对统治者做出判断，凡人也不能对上帝做出判断。❶正因为如此，我们把对上帝的任何对待

---

❶　参见：

卡莱尔主教（Bishop of Carlisle）：

在座的贵族有哪一个是上帝，

高贵到成为一名公平正直的法官，

可以审判高贵的理查！

真要有那样的人，他的高贵精神一定不会使他酿下这样的大错。

哪一个臣子可以判定他的国王有罪？

在座的众人，哪一个不是理查的臣子？

（莎士比亚，《理查二世》，第四幕，i, 117–122）

称作非正义的，才是冒昧的；这是妄言我们有判决上帝的能力，而（通常认为）我们没有这种能力。当然，我们不会再犹豫不决地说我们对统治者的判断是否正义。这只是民主信念的一种反映：我们不缺乏对统治者做出判断必需的任何能力。

因此，这些例子表明，"非正义"的用法本身就受地位的支配：有一种倾向认为，我们只能对与我们平等的人做出非正义的行为。有时我们的地位不足以做出非正义的行为——我们只能表示鄙视和蔑视。

最后，看看家长制立法的例子。对不合理的家长制的批评之一，就是它是不恰当的：把成人当作孩童对待，对许多人而言，这是薄待成人，仿佛他们缺乏提升地位的属性（比如，判断自身利益在哪里的能力），而他们通常并不缺乏这一属性。这一点在一种说法中尤其显眼：家长制立法是一种侮辱。然而，我们不倾向于认为这样的立法是非正义的。为什么会这样？当然，拒绝家长制的人会否认家长式统治者（立法者）有较高的地位。但是，说一种行为是非正义的，并不意味着对待者的地位高于被对待者：地位平等的人对待彼此也会有非正义。

不说家长制是非正义的，一个理由是，这样说就相当于不经意间承认，以家长制对待我们的人有对我们做出判断的能力。方才述及，与我们平等的人确实能对我们做出非正义的行为。但是，重要的是这里的语境：家长式对待中涉及的是一个人（群体或个体）把另一个当地位较低的对待。说这种对待是不正义的，就不允许挑战它声称的高级地位。因此，受到家长制对待的人用侮辱这一更明智的方式表达他们对不恰当对待的抱怨；进而断定他们受到了薄待，但并没有承认（即使是隐晦地）家长式对待还暗含的高级地位。因此，明智的做法是，批评家长制是侮辱性的，而不是非正义的。

我已经论证，不恰当的行为要成为非正义的行为，必须满足两个条件。第一，它涉及的人一定是有资格获得正义的人，可能受到非正义的对待；第二，它一定是由一个能做出非正义行为的人做出的。说一种不恰当行为是非正义的，就是指出对待者并不缺乏对被对待者做出判断必需的任何能力，而被对待者有意识到自我和地位的能力和解释的能力（或潜力）。如果不满足这两个条件，我们只能说，（这一行为）表现出不应有的鄙视或未能表现出应有的尊重。值得指出的是，这两个准则都涉及地位这一概念。一个人要做出非正义的行为，需要有某个地位、某种权威，如果我们要受到非正义的对待，就需要具备资格获得正义的生物这一地位。

这两个条件足以把不恰当的对待变为非正义的对待吗？如果不能，我们还需要其他哪些条件，才不会把这种对待称作非正义的？我想考察三个其他或许是必需的条件：被对待者与对待者不是同一个人；非正义只有在人们受到薄待（与厚待相对）时才会出现；只有当被对待者受到非正义的对待时，才会产生非正义。

第一，看一个断言：只有在一个人受到另一个人的不恰当对待时才会出现（非）正义。这样，当我们关注正义时，通常是在关注一个人受到的另一个人的对待，这无疑是正确的。但是，认为这就是正义的本质特征，说只有我们人数多（plurality），才可能有非正义，则是错误的。❶ 我们能——而且可以——说人们对自己做出非正义的事情。这些事例不属于非正义的主体部分。❷ 不会被列入非正义的重要事例。然而，为理解正义的性质，这些事例值得一提。对正义性质的解释，最好能给对自己可能的非正义留出空间。❸ 作为恰当性的正义能让非正义适用于自己：我们薄待自己，就是对自身做

---

❶ 这一观点不仅得到广泛认可，而且深入人心。例如："……对'正义'的定义，我的想法只有一个：它的范围是关于他人行为的"（G. E. M. 安斯康姆，《现代道德哲学》，《哲学》，1958，第 33 卷，第 4 页）；"'正义'概念如果应用于与世隔绝的某个人……就没有任何意义……这一点……其实是显而易见的"（R .E. 埃文，《合作与人的价值》，布拉顿，1981，第 72 页）。桑德尔把这个概念归于罗尔斯："对罗尔斯而言，任何具有正义能力的生物，其首要特征是多数。正义不能应用于只存在一个主体的世界"（迈克尔·J. 桑德尔，《自由主义与正义的局限》，剑桥，1982，第 50 页）。

正义的前提是多数，这一信念或许鼓动另一个也被广泛认可的观点或受其鼓动：正义本质上与分配有关。（参见："正义的最重要的一般定义是最直白地展示其分配特征：正义是每个人得到其应得的"（戴维·米勒，《社会正义》，牛津，1976，第 20 页）。也可参见埃文，《合作与人的价值》，第 72 页。）当然，分配这一概念，即使没有也几乎预设了多数。还可以拒绝的一个观点是，正义本质上是分配性的。毋庸讳言，我们无法否认，完成分配这样的事情，要么正义要么非正义。

相信正义本质上是分配的，这一倾向或许受功利主义的主导地位的鼓动。功利主义不关注物品如何分配，因而是不合适的，我们认为，功利主义恰恰忽略了正义。因此，假定正义本质上一定与分配有关，这只是一小步。认为正义本质上是分配的，是保留功利主义基本的思考方式，再加上对正义的关注。

❷ 尽管可以认为，按罗尔斯的理解，康德眼中所有的不正义是或至少包含对自我的不正义（至少如果我们在行动时表现得像较低阶层的人，对待自己时就像这一较低阶层的一员一样）："康德说，不符合道德律的行为会引起羞耻感，而不是负罪感。这样说是恰当的，因为对他而言，不正义的行为方式不能表达我们的本质——自由而平等的理性人。因此，这些行为伤害了我们的自尊，自我价值感，体验到这一缺失，就是羞耻。我们的行为仿佛我们属于较低层次的一种由自然的偶然性决定自己的首要原则的生物。"（罗尔斯，《正义论》，第 256 页）。

❸ 当然，可以证明这些事例并不真是非正义的，这里讨论的正义只是一种隐喻。但是，在其他条件相同的情况下，人们总是更愿意解释不需要这一步的概念，而不是需要这一步的概念。

出非正义的行为。

第二，看另一个断言：我们对某人的不恰当行为，只有在薄待他或她时，才是非正义的。如果只是厚待，不恰当的对待能是非正义的吗？几乎无可置疑的是，至少某些不合理的厚待与很多人的正义感相背。对很多人而言，奖励没有功劳的人，尊重不值得尊重的人，宣布犯错者无责任，都是非正义的。显然，说无辜者有错，犯错者无罪，都是对正义的误解。

或许有人争辩，这些确实是非正义的例子，但只是因为一旦有人受到不恰当的厚待，就总有另一个人受到不恰当的薄待；厚待每一个人，其实不会是非正义的。但是，我们的正义感至少是从人们受到厚待的一些例子中得到的，完全用这种方式解释对这种正义感的违背，就非常可疑。

诚然，人们不愿把没有人受到薄待的这些不恰当对待的事例看作非正义的核心事例，因为在这些事例中，没有人做出非正义的行为。（厚待——奖励不值得奖励的人，或宣布犯错者无责——是非正义的，是不合理的主张。）我们不愿承认，在没有人被非正义对待时可能会出现非正义之事。（毕竟，我们许多人在解释正义的重要性时总会提到一个事实：有人犯错才会出现非正义的行为。）不过，我们确乎承认，没有人犯错，也会出现非正义的行为；单单厚待某人，就会出现非正义的行为。❶ 这些情况尽管对实际的目的不大重要，但如果我们

---

❶ 参见"在不对任何人做出非正义行为的情况下，一个人的行为也可能是非正义的"（菲利普·蒙塔格，《比较正义和非比较正义》，《哲学季刊》, 30, 1980, 第 140 页）。

要理解正义的本质,就还要注意,因为任何对正义的令人满意的解释,都应该能让我们理解,为什么没有人受到非正义的对待,我们也会觉得与自己的正义感相背。❶ 因此,我们应该拒绝一个观点：只有不恰当的薄待才是非正义的。

最后,我想考察,(除了诋毁之外)吃亏(suffering)是否是非正义必需的。这种不正义显然仍通常与吃亏有关,受到不公正对待的人通常会遭受这样的苦果。不过,说不恰当的行为要成为非正义的行为,不恰当的被对待者就一定要吃亏,则是错误的。确实,厚待通常与接受相关的利益或规避相关的苦果有关——比如我们说的阶层特权;非正义的标准情况是,受到薄待的人吃亏,还附带贬低。但是,不一定总是如此。指控未曾犯罪的人有罪,即使他们随后得到宽恕,没有吃亏,也是非正义的。确实,厚待(某人)不受欢迎;施加痛苦或剥夺利益,也可能成为厚待一个人的方式。一个人的利益就可能受到这种非正义的对待。例如,一个赛艇队有一个传统——每个赛季末将最好的划手抛入河中。安妮是最好的划手,但被扔到河里的却是芭芭拉。(也假定这一行为自身并不是非正义的。)安妮受到的对待是不恰当的和非正义的——即使她乐意受到这种非正义

---

❶ 然而,在环境政策的选择及其对后代的影响这一领域中,没有人受到非正义的对待,也会出现明显的非正义。如果我们承认,迥异的政策将会导致未来出生的人口不同,那么,我们就想知道,如何解释随意的政策在代与代之间造成的明显的非正义。如果随意使用政策,不会导致未来的人口更糟糕,如果没有任何人受到错误的对待,那么,非正义在哪里呢? 要回答这个问题,就要证明,这类政策是非正义的,尽管不是针对任何人,因为采纳这些政策的人按他们根本没有的那种意义和价值厚待自己。(关于非同一性问题的讨论,可参见德里克·帕菲特,《理与人》,牛津,1984,特别是第16章。)

的对待。❶ 她为避开相关的不愉快经历，愿意放弃公共荣誉。但是，这相当于说，受到非正义的对待有时会带来好处。因此，我们不该认为，人们只有在遭受苦果时，他们受到的不恰当对待才会成为非正义的对待。❷

由此，我得出结论：这三个附加的假定条件都不是非正义的必要条件。当然，这并不表明我们前面识别出的两个条件是充分条件。但是，它或许为"它们也许是充分的"这样的看法提供了某些合理性。

第五节　比较正义与平等

在本章第一节，我举过一个例子——把值得信赖的人当作不值得信赖的。我曾断言这个例子中出现了所有非正义的形式。在那种情况下，这种非正义是非比较的（non-comparative）。在本章最后一节，我想考察比较的非正义（comparative injustice）的一些案例。我相信，比较的正义相对而言更容易纳入作为恰当性的正义提供的图式，因此，我简要讨论这类非正义。但是，我先讨论比较正义和

---

❶ 芭芭拉受到的对待也是非正义的。对她而言，是制度的非正义：她并没有资格被扔到河中，且她并没有受到与其权益相应的对待。

❷ 因受到不恰当对待（即使由不缺乏任何必要权威的人做出）而吃亏，也不是受到非正义对待的充分条件。人们可以因受到厚待而吃亏，却没有受到非正义的对待。学生一门课的分数比应得的分数高，结果因得分过高，而被他们希望从事的行业排除在外，就有理由抱怨因高于应有的得分而受到的奖励，但是，不论结果如何，说这种奖励对他们是非正义的，就莫名其妙了。相反，这种不合理的成绩奖励是没有人受到（非比较的）非正义对待却出现非正义的情况之一。因此，仅凭不恰当的对待和吃亏这两者的巧合，不足以说某人受到非正义的对待。

非比较正义的区别。❶

使用正义概念时，我们通常把一个人与另一个人以及一个人受到的对待与另一个人受到的对待做比较，在我们希望评价利益和责任的分配是否公平时尤其如此。尽管在确定正义有哪些要求时通常需要这样的比较，但是，正义的判断不一定涉及人与他们各自所受对待的比较。惩罚无辜的人，是不正义的，但与这个人的相关立场无关，与如何对待他人无关。❷

无条件地薄待（或厚待）他人是非比较的非正义（non-comparatively unjust），而与另一个或另一些人相比受到的薄待（或厚待），则是比较的非正义。如果亚当和巴里都值得信赖，那么，称赞亚当值得信赖，却拒绝同样称赞巴里，就是对巴里的非正义对待，如果巴里受到的对待比应有的更低，那么，这种非正义就不仅是非比较的非正义，而且是比较的非正义。同样，如果亚当和巴里都同样不值得信赖，我们却（不恰当地）称赞亚当值得信赖，而拒绝给予巴里类似的称赞，就是相较（亚当）看低了巴里，而事实并非如此。因此，可以说，尽管从非比较的角度看，巴里受到应有的对待，但这一对待是不正义的。如果亚当值得信赖，而巴里不值得，那么，称赞他们都值得信赖，就是认为亚当不比巴里更值得信赖，而事实上亚当是更值得

---

❶ 参见芬博格，《非比较的正义》，第 265—306 页。讨论芬博格对这一区分的解释的文章有：蒙塔格的《比较和非比较的正义》，第 131—140 页；约书亚·霍夫曼的《比较和非比较的正义新论》，《哲学研究》，70，1993，第 165—183 页。

❷ 有关年龄歧视（discrimination）的任何非正义本身可能是非比较的非正义，不会有比较的非正义，比如说，等我们老了，就（轮到我们）当累赘了。

信赖的。这又可以说，尽管从非比较的角度看，亚当受到应有的对待，但这一对待是非正义的：他没有受到其理应受到的更高对待。因此，比较正义的基本原则是，对待的差距应该反映地位的差距：如果按人们与他人的地位差距比实际更低来对待，就是对他们的比较的非正义。

这一基本原则的结果就是那句耳熟能详的谚语：平等的人平等待之，不平等的人不平等待之（equals should be treated as equals, and unequals as uneuqals）。避免比较的非正义行为是遵循这一谚语的必要而非充分条件。我们平等地对待不平等的人，就会对他们产生比较的非正义。当然，一种方式是，把地位低者当作高于地位高者对待，或把地位高者当作低于地位低者对待。另一种方式是，未能按差异的程度对待。（如果两个学生的实际成绩分别为 60 分和 40 分，却给他们打了 76 分和 74 分，就可以说，得 76 分的学生受到的对待是非正义的，因为他真正高出的分数被否定了。）

尽管比较非正义的陈述不一定依赖地位平等或不平等的概念（即无须是平等的人平等待之，不平等的人不平等待之的情况），但通常如此。部分是因为（目前）一个广为接受的观点：所有人都有根本平等的地位。而另一个原因是，不（或不仅仅）以平等性为基础的比较非正义的行为，比以其为基础的比较非正义的行为，要难确认得多（除非是我们可合理预计的相当罕见的情况：把地位高者当作低于地位低者对待，或把地位低者当作高于地位高者对待）。除了这些情况之外，要断定比较的非正义，就要依赖一个陈述：比较的地位和对待不成比例。但是，确立这一比例必需的东西却异常困难。

正义提出的要求是，罪行越重，判罚越重。但是，要根据具体犯罪程度的差异确立具体正义判罚的差异（即使不考虑如何确定严重程度这一问题），确实有难度。

平等或不平等的对待，需要哪些条件呢？一种诱人的说法是，平等待人，必须按同一种方式对待，不平等地待人，则必须按不同方式对待。但其实并非如此。平等地对待所有人，并不需要所有人都要得到同样的对待，因为我们可以按不同情况对待，而不需要把他们当不同的人对待。举例来说：假定没有人值得拯救，但上帝（随意）选择拯救部分人，而非所有人。❶ 既然没有人值得拯救，就不会有人受到非比较的非正义行为。但是，既然它是比较的非正义，还会是非正义吗？就正义而言，无人获救比只有部分人获救更好吗？我们会否认这一结论，只要我们想证明，尽管上帝对类似情况做不同对待，但他没有把人当作不同的人对待。我们也可以用同样的方式对待各种情况，而不需要将它们当作相同的。现在，我们假定只有部分人值得拯救，而仁慈的上帝拯救了所有人。如果我们还想证明这不是（比较的）非正义，就必须证明，尽管上帝以同样的方式对待所有情况，但他没有因此把它们当作相同的、平等的。诚然，不同的对待方式与当作不同的人对待是一致的，相同的对待方式与当作相同的情况对待也是一致的。因此，如果我们还想避开对非正义的怀疑，就要以同样的方式对待平等的人，以不同的方式来对待不平等的人。然而，平等（或

---

❶ 这个事例，我取自芬博格的《权利，正义和自由的边界》，第281–282页。

不平等）待人与用相同（或不同）方式待人是有区别的，后者不一定是前者的必要条件。

正义要求我们避免将平等的人当作不平等的对待，从这条一般原则，可以得出很多准则（precepts）。首先考察互惠原则。可以合理地假定，我们接受某人的帮助后，就受到一种约束——在未来某个适当时机帮助他。如果这确实是正义的一项要求，就可以合理地认为，其原因是不互惠就是把自身当作高于受益者对待。如果我确实高于你，如果我的利益确实比你的利益重要，就不能认为，你在此前的类似场合帮助过我这一事实，是我应该帮助你的理由。缺失平等性会破坏互惠观念诉诸的对称性。如果你确实与我平等，而我在适当的时机未能回报你的帮助，就不是平等地对待你，因而就对你做出（比较的）非正义行为。

公平原则可作类似论证。按照这一原则，如果我们承认能从一个基本正义体系中获益，就有参与维持这一体系的义务。❶只要从一种具体的分工中受益，却拒绝为继续产生这些利益贡献自己的力量，就是不正义的，这是因为，我们这样做，就像寄生虫，认为自己有特权，我们的利益重于他人利益。❷由此可以证明，违背公平原则就是不正义的，因为没有把他人当作与我们平等来对待。

---

❶　参见："当一些人按规则加入某公司因而自由受限时，服从这些限制的人必要时有权同样服从因服从而受益的那些人"（H. L. A. 哈特，"存在自然权利吗？"（安东尼·奎因顿（Anthony Quinton）编，《政治哲学》，牛津，1967，第61页）。也可参见罗尔斯的《正义论》，第18和52节。

❷　参见"没有公平的参与，我们就不能从与他人的合作中获益"（罗尔斯《正义论》，第343页）。

因此，如果互惠和公平这两条原则是正义的必要条件，那是因为，如果我们要按我们认为的那样平等对待他人，就必须遵循这两条原则。一种不太合理的论证是，平等待人，要用到功利原则。这里的论证是，平等待人需要对每个人的利益给予同等关注，这又要采用功利原则。但是，这个论证非常可疑：所有的资源用彩票分配，表面看，所有的人都有平等的机会，但并没有平等对待所有人，没有把任何一个人当地位高者对待。但是，如果确实如此，那么，采用功利主义就不能成为平等待人的必要条件。

一种更合理的观点是，采用功利主义是平等待人的充分条件（也是避免无效率的必要条件）。论据是，由于功利主义没有指认任何人的利益比其他人的利益有更内在的重要性，就不会认为任何人的地位高于其他人。❶ 如果我们遵循功利主义，就不会把任何人当作高于其他人对待；因此，采用功利主义是保证平等待人的充分条件。

如果采用功利主义确实是保证平等待人的充分条件，那么，功利主义就能成功驳斥一个指责：功利主义会导致不平等待人就会出现的那种非正义。相反，如果我们承认功利主义是保证平等待人的充分条件，但仍想证明功利主义与非正义是一致的，就一定要指出，功利主义会以其他方式薄待人。功利主义不是没有考虑到我们的平等性，而是没有考虑到我们的非相对地位的某个决定因素。换言之，我们必须指出，功利主义是如何薄待我们所有人的。

------

❶ 参见 J. S. 穆勒，《功利主义》，第五章，第 36 节。重印于玛丽·沃诺克（Mary Warnock）编，《功利主义》，伦敦，1962，第 319–320 页。

因此，容易把比较的非正义——如未能平等待人、区别对待——纳入正义是恰当性概念家族的一员这一观点中。可以认为，从平等待人原则得到的准则以一种明确的方式指出，所有正义原则都具有我提出的这一形式。平等和不平等（在这一语境中）是地位的概念。平等就是处于某个地位，尽管只是相对确定的地位，不按相对的地位待人，就是一种相对的非正义。但是，我已经指出，正义并不总是比较的：非正义并不只是通过不平等待人和区别对待才会产生。还要看看，所有非相对的非正义是否有作为恰当性的正义必需的形式。

第二章　正义与应得

　　上一章，我在高度抽象的层面讨论正义，试图将这个概念界定在我们的实践理性范围内，并把它与一些相近的概念区分开。我本章的目标是，指出可以用应得（desert）的话语提供的习语（idiom）讨论正义的实质问题，进而不太抽象地解释这一点。承认正义是恰当性，就是承认正义待人需要的不过是按应得待人。至少我会这样论证。

　　本章首先解释应得本身，指出视应得和正义这两个概念紧密相关的理由。接着，我讨论按应得对待有哪些要求。再接下来，我会考察，要避免使用应得概念，可以提出哪些理由，并证明这些理由没有说服力。最后，我指出，正义只需按应得来对待这一主张会遇到哪些问题。这些问题是捍卫正义是恰当性的隐含问题。因此，在辨别这些情况时，我会设定本书其余大部分的布局。

第一节　应　得

通常认为，正义就是得到一个人应得的。[1]这一主张是否值得关注，有赖于我们如何理解应得这个概念。如果对它作广义的理解——对用法几乎不加限制——容易把正义等同于应得，但收效甚微。我想证明，正义确实只需要按应得对待所有人，即使对应得作狭义理解也是如此，甚至应该如此。因此，一开始，我们必须考虑，如何描述应得这个概念。

应得是一个三元关系，三个变量是（假定的）应得者、应得的东西以及应得的根据或基础。[2]当然，我们可以隐含某个变量——比如，我们直接说，约翰就是应得的一个例子——但是，应得（在概念上）不可能没有具体的东西或理由。要满足对这三个变量施加的限制条件，会进一步限制应得的用法。这些限制条件是什么呢？

第一，应得者是谁或什么？尽管我们通常关注人的应得，即应得者是人，但是，应得的用法并不限于这类情况。[3]我们可以说，

---

[1]　例如："正义是得到某人应得的东西；还有比这更简单的（定义）吗？"（约翰·豪斯珀斯，《人类行为：伦理学问题导论》，纽约，1961，第433页）；"能证明，可以把正义的独特意义定义为按可能的接受者的应得比例进行分配"（T. D. 坎贝尔，《面对正义的人性》，《英国政治科学杂志》，4，1974，第2页）；"所有人几乎凭定义就能达成共识——正义就是给人们应得的，而关于人们应得的是什么，则众说纷纭"（詹姆斯·P. 司特巴，《近来关于几种正义概念的研究》，《美国哲学季刊》，23，1986，第1页）。

[2]　我对应得的讨论大多受益于 J. 芬博格的《正义与个人应得》，该文重印于他的《做与值得：责任理论论文集》，普林斯顿，1970，第55-94页。

[3]　参见芬博格上书第55页。

一只贵宾犬、一头猪或一朵三色堇应该获奖，旗帜和神圣的地方应该受到尊敬，一份手稿应该出版，一个火车引擎、一栋建筑或一片荒野应该得到保护，等等。应得者是什么样的人或物，似乎没有明显的限制。当然，这些人或物必须是应得者（因此，必须有一种应得的能力）——但这不过是要求应得有一个基础。

第二，什么可以应得？至少通常来看，应得的东西就是应得的一种具体对待形式或模式，包括表扬、尊敬、批评、奖励、惩罚、补偿、晋升，等等。我们参与这些实践，因而产生种种具体的对待方式，这些对待么是应得要么是不应得的。因此，我们应得的东西，可以是荣誉、晋升、奖励、惩罚、补偿，等等。能满足这一功能的无论什么东西，都可以是应得的。

因此，应得的特性必定大部分源自对应得的基础施加的限制。这些限制是什么呢？芬博格提出，一般而言，只有与应得者有关的事实才能充当应得的基础。❶尽管这一限制直觉上是合理的，但意义不大，除非我们能说出哪些事实与应得者有关，哪些与他们无关。"与应得者有关的事实"这一要求会排除哪些东西呢？我们可以假定，这一要求至少会排除我们的一些主张，比如，学生应该得高分，这

---

❶ "一般而言，构成应得主体的基础的那些事实，一定与这个主体有关。"（同上书，第 58–59 页）

样就会让他们的父母高兴。❶ 但是，为什么应该这样呢？我们为什么不能证明，在这种情况下，有一个关于学生的事实，可以充当应得的基础：我们为什么不能主张，学生得高分会让他们的父母高兴，也是关于学生的一个事实呢？或许有人说，这个事实不是我们需要的那种与应得有关的事实。我们更需要能在以应得者为主语的一句话中表达出来的事实。但如果这样，还需要什么呢？理由何在？❷

我承认，一般而言，应得的基础是与应得者有关的事实。但是，我不会提出，这一要求是应得的一个决定性特征，进而能从根本上解释，为什么"应得"的某些用法（在概念上）是不恰当的。那么，我们该如何解释，因孩子得高分而高兴的父母，并不能充当应得高分的基础呢？解释是：学生的地位并不因他或她是否有这样的父母而受影响。❸ 不能影响应得者地位的东西——不能使应得者或多或少值得尊敬、钦佩等的东西——就不能充当应得的基础。至少我想证明这一点。我将把这一主张称为"地

---

❶ 这个例子来自芬博格："例如，如果一个学生一门课应得高分，那么，他的应得一定源于与他有关的某个事实——比如，他此前的表现或他目前的能力。老师应当给他一个高分，或许是因为，不给高分会让他的有精神病的妈妈伤心，但是，这个事实尽管可以成为老师给高分的理由，但不能成为这个学生应得高分的基础。"（同上书，第59页）

❷ 芬博格承认："应得的基础可以是一个复杂的关系事实，但在这种情况下，主体必须是一个关系项。应得的基础不可能完全脱离主体。"（同上书，第59页，注释6）但是，也可以争辩，这里所说的学生要取悦父母，这并不是与这个学生"完全无关"的事实。

❸ 至少我们通常假定，这一主张是既定的。有些人确实相信，与这个人有关的事实——比如，他或她有这样的父母——能提高他的地位，对这些人而言，用这个事实作为应得的基础，在概念上没有不恰当之处。

位要求"（status requirement）。❶

我提出，正是地位要求解释了为什么应得的基础通常是与应得者有关的事实。我们通常认为，一个人的地位依赖于与这个人有关的事实。但是，如果一个人的地位依赖于与他有关的事实，而应得依赖于应得者的地位，那么，应得就依赖于与应得者有关的事实。因此，可以把"与应得者有关的事实"这一要求视为地位要求的一个结果，但它本身并不是应得的一个决定性特征。

为什么我们要接受地位要求，并认为它是应得的一个决定性特征呢？第一，不仅许多应得的基础能影响地位，而且我们至少在通常意义上期待它们能影响地位。有可能被视为能影响地位的事实，与应得的基础一样明白易懂：值得信赖、聪明、邪恶、懒惰、强壮、雄辩、素食主义者、衰老、男性，等等，就此而言，可以认为它们是钦佩、尊敬等的基础。（当然，说这个主张明白易懂，完全不是说我们必须接受它。）如果我们无法理解一个既定事实——比如，一个人在一个特别的日子出生，或得高分就会令父母高兴——如何影响地位，就无法理解基于这一事实的任何关于应得的主张。

承认地位要求的另一个理由是，它能让我们理解一个广泛持有的信念：缺少责任就失去应得的诉求——我称之为"应得—责任论题"

---

❶ 参见："合理且正确的说法是，主体 X 应得到 A……当 X 有某个特征或完成某件事情 B 时，这构成对 X 的肯定或否定的评价。"（约翰·克莱尼格，《惩罚与应得》，海牙，1973，第 62 页，着重号为引者所加）"应得的可能基础的范围与值得赞扬的品质的可能基础的范围是一致的。"（戴维·米勒，《社会正义》，牛津，1976，第 89 页，着重号为引者所加）米勒的"值得赞扬的品质"是指诸如钦佩和赞同这样的态度（同上书第 88 页）。

（desert-responsibility thesis），下文（第七章第一至四节）将做详细考察。这里我只想指出，这一广为接受的主题如何支撑地位要求不只是一种经验概括这一观点。如果我们不能为我们的行为和性格负责，通常会失去应得（与比方说我们的权利诉求或需要诉求相对）。为什么会这样呢？至少可作部分解释：还有一个同样广为接受的观点，即人们并不能基于他们没有负责的事情而受到表扬（换言之，并不存在道德运气这样的东西）。这个主张与地位要求合在一起，就意味着缺少责任会失去应得。在权利或需求中，没有什么东西能比肩地位要求：拒绝负责，不会影响基于权益或需要的诉求。应得对拒绝责任尤其敏感，这是以地位要求为基础的。反过来说，这种敏感获得广泛认可，则是地位要求存在的证据。

因此，有多个理由承认地位要求。不过，这一要求有两个问题的情况值得指出：基于贡献的应得与补偿的应得。为什么这两种情况会有问题呢？首先考察贡献的情况。通常认为，（对企业、社会或无论什么的）贡献越多，应得的回报越多。[1]（这里使用的"应得"无可反驳，或我假定如此。）由此可以肯定，坚持这一观点的人愿意将这一断言追溯至另一个断言：贡献影响地位，我们贡献得越多，就越值得尊重、钦佩，等等。但是，很多人觉得这后一个断言不合理。人们做出贡献的程度如此频繁地受其掌控之外的因素的干扰——通常是运气问题或受他人活动的影响。因此，许多人愿意承认的观点

---

[1] 参见："确认应得时无疑要以行动、付出及其产生的结果为基础，在我看来，说我们总是做出（混淆）奖惩的任何（所谓）努力，都是误入歧途。"（布莱恩·巴里，《政治争论》，伦敦，1965，第107页）

是，贡献越多的人应得越多，而不需要认为，贡献（一定）影响贡献者的地位。因此，从表面看，以贡献为基础的应得是地位要求的一个反例。❶

第二种情况是补偿，这时使用的应得没有任何能影响地位的基础。通常认为，那些并非因自己的过失而吃亏的人——特别是那些因别人的过失而吃亏的人——应获得补偿。（这里使用的"值得"也是理所当然的。）但是，一般不会认为，因为我们倒霉（并不是因我们自己或他人的过失），我们的地位才受影响。因此，补偿的获得是地位要求的一个反例。❷

乍一看，基于补偿来反驳地位要求，似乎并不严谨，我们接下来论证其原因。自身没有过错而吃亏的人应该得到补偿，只是因为

---

❶ 也可以质疑，能否把做出贡献视为与贡献者有关的一个事实。做出贡献不过是恰巧发生在贡献者身上的某件事；并且，至少在通常情况下，我们不会仅仅基于主体（以主体的身份）遇到的事情，就做出与他们有关的一些推断。重要的是"以主体的身份"：我们能——而且确实——从比如他们遇到的事情，得出一些关于物质对象的推断——它们是不可渗入的，有一定的密度，等等。"仅仅"也是重要的。我们可以从人们正在受罚这一事实，推断他们是明知故犯。（在做出这一推断时，我们会犯错：说"我们可以推断"某人明知故犯，我的意思不过是，在某些情况下，我们有理由，而不是有确凿的理由，得出这个结论。）但是，这一推断不能仅仅从一个人身上发生的事情得出。我们还要引入其他信念，进而给发生的事情加上意义。

❷ 芬博格显然并不赞同地位要求——至少不赞同以补偿及相关概念为基础的地位要求。他写道："一个人的应得必须有一个基础，这个基础由与他自身有关的某个事实构成，但这些条件中没有一个是充分的……然而，不可能抽象地列出个人应得的必要和充分条件，因为应得的基础随应得的对待模式而变化。"（芬博格，《做与应得》，第61页）他在讨论对待应得的各种类型时写道：奖项"是钦佩的切实表达"（同上书，第63页），而奖励是"认可、感激或赞成优点或卓越的表达方式"（同上书，第69页）。但是，他在讨论补偿、赔偿和责任时（同上书，第74—76页）并没有提出，只要一个人的应得基础能影响地位，他就应该得到补偿。因此，芬博格的观点大概是，应得的基础只有在某些时候会影响地位，而在补偿、赔偿和债务的情况下则不会。

他们不该吃亏。因此，应得的补偿与地位要求不会冲突，因为不提出明确的应得要求，就不预设应得的（影响地位等的）基础。

但是，这一论证前后矛盾（*non sequitur*）。我们赞同，自身没有过错的人不该吃亏。但是，说某人应该得到补偿，就是说他应该不吃亏。因此，这一论证要我们从一个要求——一个人不应该吃亏（does not deserve to suffer），转到另一个要求——这个人应该不吃亏（deserves not to suffer）。但是，后一要求不是从前一要求得到的。说一个人不该吃亏，就是说没有（一种由应得产生的）理由让他吃亏。说一个人应该不吃亏，就是有（一种由应得产生的）理由让他不吃亏。这显然不能仅从下述事实得到：应得产生的理由，不会让一个人无缘无故地吃亏或不吃亏。还需要某个假定。而泛泛地假定至少在其他因素不变（*ceteris paribus*）的情况下，应该不吃亏的人就不会吃亏，也不能挽救地位要求。我们需要的结论不是人们不会吃亏，而是他们应该不吃亏。❶

因此，地位要求剩下的问题就是：我们确实说过，吃亏的（某些）人应该得到补偿，但是，我们并不认为，这种吃亏能影响地

---

❶ 我会在下文（第二章第二节）指出，这类论证可纳入另一句格言。在这句格言中，这里的论证可展开如下：因他人过错而吃亏的人，并不应该吃亏。因此，如果此人应该吃亏，那么，不作补偿就是恰当的行为。（如果我们认为应该受罚的那些人确实受到了惩罚，那么，对这一惩罚作出补偿就是不恰当的。）但是，不作补偿本身并不是按一个人应该吃亏对待他。（例如，在一个关系亲密的家庭中，一个成员的行为或许会伤害另一个成员，但是，作补偿则是不恰当的。）因此，不作补偿自身并不会把一个人当作应当受罚对待。

位——以这种方式吃亏比以其他方式吃亏更值得钦佩和尊敬。❶ 贡献与补偿提出的问题，都针对一个断言：应得的基础必定总能影响应得者的地位。不过，应该抵制放弃地位要求的倾向。我们已经看到，地位要求不只是经验概括，经验概括仅仅在某些情况下碰巧为真。至少我们通常期待一个能影响地位的（公认的）应得基础。当然，我们不能忽视贡献和补偿对地位要求提出的问题。但是，仍有可能出现这些仅属表面的反常（anomalies）。我将在下文（第三章第一节至第三节）证明确实如此。

因此，我们看到，对应得的基础施加限制条件，在应得的基础与应得者之间建立关系，就可以给出应得的某种特征。但还有一种形式，是通过对应得的东西与应得的基础之间的关系施加限制条件而得到的。我现在转而讨论这一关系。

我们说（让我们假定）能力最强的候选者应该得到任命，（当天）更好的拳击手应该赢得比赛。显然，应得的基础一定与应得的东西有关：拳击手不应该得到那个任命（巧合的情况除外），能力最

---

❶ 说到贡献，我们会质疑，不因自身过错而吃亏，是否真是与假定的应得者有关的一个事实。我们这里仍关注应得者恰好遇到的事情，而不是他做的任何事情，在此基础上，可以得出与应得者有关的推断。克莱尼格已指出补偿的应得的非同寻常的特征。他断定："只有以某一事物具有的特征或某人所做的事情为基础，才能指认这一事物或这个人是应得者。"（约翰·克莱尼格，《应得的概念》，《美国哲学季刊》，1971 年第 8 期，第 73 页）他还断定："如果一个人应该得到某些损失的补偿，那么，他得到补偿并不是因为倘若他得不到，事情将变得非常困难，而是因为，他的损失是由他人的管理不善、忽视或欺骗等造成的。"（同上）对这一点，克莱尼格补充道："要把这一点纳入'事物具有的特征或某人所做的事情'这一条款则有点棘手。它大概更接近于前者——不是某人自己的过错造成的损失。如果没有造成损失，就不应当补偿。"（同上，第 73 页，注释 10）克莱尼格认为这里有点棘手，是对的。

强的候选者不应该赢得比赛。被分配或分派的善的类型决定与其相关的应得基础的类型。❶我们当然不想考虑不相关的应得基础。但是，这里的相关是什么意思呢？比如，什么使能力成为与任命相关的应得基础？❷什么使（当天）更好的拳击手与应该赢得那场比赛相关呢？这两种情况都用到应得这一概念；所以，有理由假定，使工作能力成为与应该得到任命相关的东西，就是使拳打得好与应该赢得比赛相关的东西。

将应得的基础与应得的东西捆绑在一起的概念，是"将……作为……对待"（treatment as）。说一个特定的候选者因能力最强而应该得到这一任命，（至少）就是说，任命是对待能力最强者的一种方式。同样，说一个拳击手应该赢得比赛——打得更好——（至少）是说，赢得比赛是对待打得更好的一种方式。如果任命或胜利分别是对待能力最强者和打得更好者的唯一方式，那么，否认任命或胜利就是对待不是能力最强者或不是打得更好的方式。

将某人当作 X 类的一员对待，就是针对这个人的行动，要表达一个信念：他是 X 类的一员。（当然，无须坚持这一信念，我们可以把某些人当罪犯对待，即表达他们有罪这一信念，而无须真的认

---

❶ 参见："在决定商品的正义分配时，不需要考虑总体的应得，而只需考虑与被分配的商品相关的那些应得。"（米勒，《社会正义》，第 117–118 页）也可参见威廉姆·A. 高尔斯顿的《正义与人类之善》，芝加哥，1980，第 170 页。

❷ 当然，我们经常——但绝不总是——有理由参照一个岗位要完成的任务，进而有理由任命差不多能胜任的人去完成这些任务。但不能由此得出，（相关）能力最强的人应该得到这一任命。

为他们有罪。❶）因此，也可以用表达方式揭示应得的基础和应得的东西之间的关联。人们应得的东西，受一个要求的支配：对待他们的方式，不应该表达一个与能影响他们地位的属性有关的错误信念。最能干好一项工作的候选者应得到任命，因为否则的话，我们的行为表达的信念就是：这一候选者并不是最能干好这项工作的人。（当天）更好的拳击手应该赢得比赛，因为如果他在比赛中输了的话，他受到的对待方式表达的信念是：他并不是更好的拳击手。❷ 不表达一个信念，就隐含地否认这一信念，因而，不表达就不是按应得

---

❶ 我们或许想知道，为什么纯粹的表达会如此重要，尤其是，表达的信念并不是我们真正相信的。一个理由是，至少在某些程度上，我们的身份是由其他（一些）人对待我们的方式构成的。按照这一观点，正如一个词的意思会被言说者的实践改变那样，那些对我们做出重要行为的人，他们的实践也能影响我们的身份。语言的社会"误用"能将其自身合法化，社会的"误待"（mistreatment）也同样如此。因此，按照这一观点，一个人的地位与他作为被对待者的地位之间的区别就瓦解了，不正义的行为的错误就在于它贬低人。

❷ 要受到对待，必须有一个对待者，但在很多情况下，这一要求只是通过拟人化而得到"满足"的。如果我做一个碰巧有回报的实质冒险，那么，我可以要求，我应该得到那些因我的大胆行为而回报的利益。这里的对待模式是回报，而自然、命运或运气则充当对待者。同样，我们假定，那些表现更好的人——更熟练、更有决断力和想象力——应该赢得比赛。当然，并不总是如此：有时表现更好的团队因运气不佳而输掉比赛。这是拒绝给他们正义的回报。还是自然、命运或运气充当对待者，我们则抱怨："毫无正义可言。"但是，我们不认为任何行动的理由都能产生一种正义的事态。因此，我们不是简单地承认运气是比赛值得追求的部分，我们要保留运气，就一定要以失去部分正义为代价。这并没有解释，为什么我们会认为没有理由不去矫正这种非正义。相反，我们的态度可以用一个事实来解释：我们其实不相信任何人受到的对待是不正义的——因为我们其实不相信任何人受到对待。为使受害者受到不正义的对待这一陈述有意义，我们或隐或显地将自然、命运或者运气拟人化，我们大多数人习惯这样说。我们并不相信任何人会真的这样对待受害者，因而不相信有人会受到这样的对待，由此就不可能彻底相信有人受到不正义的对待。因此，正是缺少对待者，才使这种情况变成真正非正义，当然不是需要预防或修正的那种非正义。

对待。

　　既然应得与表达有关，我们就应该期待，应得的东西通常是一个约定（convention）问题，因为表达通常就是约定。❶ 诚然，行动能自然地表达某些信念——好比我们拥抱我们喜欢的人，推开我们讨厌的人。但是，很多表达都是约定的和人为的。这就得出，我们应得的东西通常受约定和规则的影响。因此，完全把应得的自然性与权益的约定性（即规则赋予的资格）对立起来，则是错误的。规则和约定通常在决定谁应该得到什么时发挥作用，❷ 尽管这些规则发挥作用的层面深于我们从它们获得权利的层面。上文（第一章第四节）讨论的两个划手的例子表明，规则和约定如何影响不同层面的应得和权益。被扔到河中是安妮的义务，不被扔到河中是芭芭拉的权益，这直接源于把最好的划手扔到河中这一规则。但是，如果按

---

❶ 参见："应得大多是约定的，因为它是表达性的。"（J.R. 卢卡斯，《论正义》，牛津，1980，第 209 页）"说（惩罚的）物理对待本身就表达谴责，就是说，某些残酷的对待已成为公共谴责的约定符号。这与说某些词语已成为我们语言中的约定隐喻，用来表达某些态度，或者说香槟是重大事件的庆典中常用的酒精饮料，或者说黑色是表达哀悼的颜色，同样是不矛盾的。"（芬博格，《做与应得》，第 100 页）

　　表达与声明在罗尔斯的《正义论》的论证中起核心作用，他提出，这是"正义概念的理想特征……公开表达一个人对另一个人的尊敬"（第 179 页），这两条原则的优点在于，它们在基础结构中清楚地"表达（一个概念：应该把人当作目的而非仅仅手段来对待）"（第 180 页）。原文的立场在做选择时，有一个公开的条件（第 133 页）："既然在作为公平的正义中，道德观是公共的，那么，选择这两条原则的结果就是声明"（第 161 页）。这些考量在得出自然职责时也发挥作用："一旦在我们努力描绘的社会生活图景中，人们似乎没有欲望为这些职责采取行动，我们就会看到，它表达的是对人类的漠视，如果不是蔑视的话，这不可能阐明我们自身的价值。我们要再次指出公共效果的重要意义。"（第 339 页）表达也是"康德式解释"——正义就是公平——的核心，是依赖我们生来就是自由而平等的理性人这一表达的那些论证的核心。参见该书第 251-257 页、476 页、515 页、561 页和 572 页。

❷ 或者，按第五章第二节的还原论证，谁应该得到什么，与任何权益无关。

安妮和芭芭拉各自的应得，即赋予她们地位的（相关）属性对待她们（安妮是最好的划手，而芭芭拉不是），约定也会影响——即使不太直接——对待她们的方式。无论普遍的约定是什么，都应该把安妮作为最好的划手对待。但是，她应该被扔到河中，则只是因为普遍的约定如此。

这样解释应得，我们就能说明，为什么应得提供的另一种习语就可以把正义表达为恰当性，为什么正义作为恰当性与应得是正义的核心这两个观点是重合的。第一，把正义理解为恰当性概念家族的一员，在分析应得时出现的对待这一概念也就是正义的核心，它把应得的基础与应得的东西联系在一起。第二，既然地位之必要条件是既定的，不按应得对待人，就是不按与他们有关的能影响地位的事实，来恰当地对待他们。（我们还可以加上，应得的基础是与应得者有关的一个事实这一要求，在恰当对待的习语中有对应物：如果应得的基础必须是与应得者有关的一个事实，就可以得出，不按应得对待人，就是不按他们本来的样子对待他们。）因而，这就是我们的结论。如果非正义总是源于不恰当的对待，那么，应得这个概念就能在决定什么是正义时很好地发挥核心作用；如果我们按人们的应得对待他们，我们的行为就不会是不正义的。

既然正义（被设想为恰当性概念家族的一员）与按应得对待有密切的关联，那么，并不意外的是，正义概念的一些用法容易将正义例示为恰当性——比如，按一个非比较的错误贬损判断（a non-comparative false derogatory judgement）来对待，不按平等对待——在这些情况下，非正义显然是未按应得对待。如果我说你最近的一篇哲学论文是剽窃的，而事实上完全是你自己完成的，或者，如果我把你当作地位比我低的人对待，而事实上你不是，那么，我对你就是非正义的，这用"应得"就容易表达：你应该得到比你受到的更好的对待。

如果我们按应得对待，就不会有不正义的行为，但是，反之则显然不成立：我们不按应得对待，却没有出现不正义。自然环境和动物应该得到尊敬的对待，但即使不这样对待它们，也不是不正义的。上帝应得到我们的信任，但即使我们不信任它，也没有做出不正义的行为。上文我们提到（第一章第四节），不正义对不恰当对待提出的要求——对待者不缺乏任何必备的能力去判断被对待者；被对待者有意识到自身及地位的能力和解释能力（或潜力）——限制应得的使用。因此，我们不按应得对待，也不会做出不正义的行为。应得是比正义更宽泛的概念。

第二节　按应得对待

如果应得要在决定何为公正时起作用，而我们想按人们的应得对待他们，那么，重点就是理解他们需要的东西是什么。应得者（有具体应得的东西）应当作为应该得到的人（有那一东西的人）对待，至少在同等条件下，应当得到他们应得的东西。把应得的人当不应得对待，就不是按应得对待。这一要求相对简单。更复杂的问题是，是否只有这一个要求。具体地说，对不应得的情况，我们能说什么呢？在认为某人没有（相关）应得的情况下，却按他有对待，如果需要条件，需要哪些条件呢？

可以考察两种观点。第一种观点是克莱尼格的观点，他主张，如果人们不应该得到——没有相关应得——就谈不上他们该不该得到什么；只要有应得，就无法反驳，无论他们受到怎样的对待。❶那些不应得的人，无论得到什么，都没有受到与他们的应得相反的对待。这是一个合理的观点。如果没有人应该分享我的财产，那么，我想怎么分就怎么分，我的行为不会与应得相反。当然，如果有人不仅不应该得到一个份额，而且他应得的就不是一个份额，而我给他分了一份，那么，我的行为与应得相反。这样的人确实有相关的应得。但是，在不存在任何应得——包括应该不得到——的情况下，我想怎么做就怎么做，仍是按他们的应得对待他们。

斯维尔德里克（Sverdlik）提出的另一种观点指出，如果我们按人们有他们其实没有的应得对待他们，那么，我们对待那些没有任何应得的人的方式就是错误的。❷这一观点也是合理的。无辜的人并不应该受到惩罚，惩罚他们是不正义的。如果我们采取这一观点，就允许那些没有（相关）应得的人受到不正义的对待，就不是按应得对待。把不应得的人当作有应得对待，就是错误的对待。

这两条路径似乎不相容：如果人们没有（相关）应得，那么，

---

❶ "从'X不应该得到 A'这一断言，不能严格地得出 X 应该得到什么。"（克莱尼格，《惩罚与应得》，第72页）

❷ "……替罪羊没有任何应得，它是受害者：这就是错误之处。"（史蒂文·斯维尔德里克，《应得的逻辑》，《价值研究杂志》，17，1983，第323页）

按不按应得对待他们，都是可以的。在实践中，我们倾向于这两种观点都采用，但限制其应用。我们把应得分为好的和坏的，当我们认为是好的应得时，倾向于采用克莱尼格的路径，在处理坏的应得时，则倾向于采用斯维尔德里克式的路径。我们假定，当且仅当我们关注坏的应得时，禁止将不应得的人当作应得对待。

这种方式在实践中足够了，至少大多数时间如此。但是，它凌乱而笨拙，从分析的角度看，几乎不能令人满意。第一，如果这两个观点不相容，就该怀疑我们能否驾轻就熟地将它们应用于不同领域。实践或许会掩盖我们在采取不同观点时承认的那种更深的不一致性，但不会消除它。第二，克莱尼格的路径可以指出，如果确实没有值得考虑的相关应得，就没有（能产生应得诉求的）理由按与任何对待相反的方式采取行动，而斯维尔德里克的路径可以证明，将不应得的人当作应得对待，总会出错——不合理。从字面意思看，无论我们讨论的应得是好是坏，这些论证都能支持不同的立场。第三，视应得的好坏而采取不用的路径，容易在我们摸不清处理对象的场合出现混乱。上文（第一章第四节，第二章第一节）讨论的赛艇队和将能力最强的划手扔到河中的习惯，就是这种情况的一例。如果芭芭拉不是最好的划手，就不该把她扔到河中。如果把她扔到河中，是按她的应得对待她吗？如果我们认为被扔到河中是一种荣誉，进而认为我们是在讨论好的应得，那么，采取克莱尼格的路径，行动与应得就不是对立的。芭芭拉的待遇完全比她应得的更好。但是，如果我们认为被扔到河中是一种不太愉快的体验，按斯维尔德里克的路径处理，就是一种受苦的情况，我们就会认为，芭芭拉得到的对待与应得相反。她没有应得，却受到有应得的对待。

要保证我们不陷入任何不一致，就必须保证，尽管我们在日常思考中可以承认两种路径（在不同时间），但我们不需要这样做。我们要得到的保证是，至少其中一条路径始终都令人满意。（如果我们能表明只有一条路径始终能令人满意，就有充分的理由采用它。）

我想提出，可以始终采取其中任何一条路径，因为只要我们谨慎使用，每条路径都能容纳时而鼓动我们采用另一条路径的关切。要点在于，如果我们始终采用一条路径，就一定要谨慎，避免落入陷阱，这些陷阱的性质依赖于我们采用的路径。

倘若我们采取斯维尔德里克的观点：我们没有应得，就不能把我们当有应得对待，不应得的人就该受到这样的对待。这一观点如何与我们的观点——正义不要求人们只得到他们应得的利益，我们坚信，慷慨而仁慈的行为并不与正义相悖——调和在一起呢？这里的要点是，这些行为不与应得相悖，因为在做出这些行为时，我们没有把个人当作有应得（他们得到的东西）来对待。我们做的事情是与之相关，但有不同之处：为了将人们作为应得者对待，我们给予他们我们必须给予他们的东西。尽管获得这样一个利益对把一个人当作应得者对待是必要的，但不是充分的。❶

---

❶ 这是我上文（第二章第一节）针对补偿提出的观点：为了将某人作为应当吃亏对待，不对他作补偿是必要而非充分的条件。

另一条路径又如何呢？我们只有在应得，却被当作不应得对待时，才受到错误的对待。克莱尼格的路径能应对坏的应得吗？我们肯定不会说无辜者受到不正义的对待，是因为他们受到了不应有的对待，即不应该受到的惩罚。但是，我们可以说，无辜者应该受到这样的对待，如果他们受到惩罚，就不是受到这样的对待。❶ 在我们通常说 A 不应得且缺乏 Q，因而不应该受到对待 T 的地方，我们一般是说，A 拥有非 Q，应该受到这样的对待。如果我们采取克莱尼格的路径，要避免的陷阱就是一种危险——在人们其实有（相关）应得时，却认为他们没有。

如果我们拒绝认为有且只有一条路径是正确的，就可以说，这两种不同的路径为我们提供了选择术语的机会。我们会说，要论证一个观点是对的，而另一个是错的，就误解了这一问题的性质。倘若我们接受对这一冲突的解释，我们就应该得出，只要我们自始至终只采用一种术语，采取哪一种术语都无所谓这一结论吗？当然，直观上可以诉诸一条建议：我们应该始终采用同一种术语。但是，我认为，不能明显地看出，这就是恰当的回应。有两个危险：一方面，是使用不相容的术语带来混乱的风险，另一方面是始终使用同一种术语进而落入我们已经指出的一个陷阱的危险：在任何情况下过于

---

❶ 斯维尔德里克写道："我自己也发现，说 X 应该不受罚（deserves not to be punished），是一种怪异的说法。更准确的说法是，X 不应该受罚（does not deserve to be punished）。"（史蒂文·斯维尔德里克，《应得的逻辑》，《价值研究杂志》，17,1983，第322页）它或许是怪异的，但只是在我们倾向于不用克莱尼格的路径处理坏的应得时才是怪异的。这显然不是说我们不能采用这一路径。

草率地假定某人没有（相关）应得，或过于仓促地认定，个别行为是把某人当作某个类的成员对待。就其性质而言，这些错误在所难免。或许可以说，使用这一术语在任何情况下都能最清晰地表达我们想要的论证，但是，要将这一论证翻译为另一种术语，并牢记我们辨识出的两种陷阱，如果有混淆的危险，就用恰当性的语言——薄待或厚待人——重新表达。

要确保我们不会在人们有相关应得时认为他们没有，这个任务不会因另一个层面存在的过分简化而变得更轻松，这种过分简化容易迷惑人，它源于我们倾向于犯完全相反的错误：在人们不应得时认为他们应得。存在这一倾向的原因是，我们很多人使用的应得都涉及我们所谓的"自由裁量的惯例"（discretionary practices）：对避免非正义（或不恰当的对待）不是必需的那些惯例。

考试评分就是一种自由裁量的惯例。很多社团通过考试体系来评分，但是，如果一个团体没有考试，因而没有考试评分，但不会因此就成为一个不正义的团体。确实可以争辩说，得分或获奖这样的惯例一般都是自由裁量的：它们可能是不正义的惯例，但不需要做出任何不正义的行为就可以完全避免。把惯例分为奖励和惩罚在这里尤具争议。惩罚主义立场的本质是，要避免非正义，就一定要采用这些惯例。（至少在原则上，如果人的行为没有对错之分，就不需要奖惩。）如果惩罚主义是正确的，那么，奖惩就不是自由裁量的惯例。

当我们处理一个自由裁量的惯例时，应当如何使用"应得"？我们的起点应该是，按自由裁量的惯例做出的对待，本身不可能是应得的。❶ 如果这样的对待是应得的，拒绝这样对待就是不正义的（或至少是不恰当的），因而这种惯例就是自由裁量的。如果和平奖这一惯例是自由裁量的——没有这种惯例的社会并不因此就是非正义的社会——那么，严格地说，就没有人应该获得和平奖。争议更大的是，如果反惩罚主义者是正确的，奖惩是自由裁量的——缺乏奖惩惯例的社会并不因此就是非正义的社会——就没有人应该得到奖惩。

因此，正如我指出的，要避免不正义（或不恰当）的行动，不一定需要自由裁量的惯例，但在执行这些惯例时会出现不正义（或不恰当）。尽管不会要求我们把和平奖（或奖惩，如果两者是自由裁量的）授予任何人（否则就是不正义或不恰当的行为），但是，如果我们确实执行这样的惯例，就一定不要出现这种不正义（或不恰当）的行为。如果这一行为不是按接受者本来的样子对待他们，就不能授奖。这用应得的话语该如何表达呢？我们通常说，不授予不应得的荣誉。但严格地说，我们不会这样表达。如果授予和平奖确实是自由裁量的，那么，严格地说，最终没有人应该得到这一荣誉：这样的奖项总是不应得的。

我已经指出，在没有应得的情况下，可以讨论两种话语：克莱尼格式的和斯维尔德里克式的。我已经指出，使用其中任何一种都要谨慎。如果这是正确的，我们就可以在每一种话语中讨论应得和自由裁量的惯例之间的关系。接下来，我们一定要看看这是否

---

❶ 这里我再次搁置任何基于制度的权益和区别对待的论证。

可行。

按照克莱尼格的解释，如果人们不应得，那么，不管怎么对待他们，都不可能是不恰当的对待。但是，这当然不是源于一个事实：这些人不应该获得比如和平奖，他们根本没有（相关）应得。不值得获得和平奖的人，就应该受到这样的对待。我们也没有用奖励来对待他们。因此，不要奖励不应得的东西。如果不按这些应得对待他们，就是不恰当地对待他们。相反，应该得到和平奖的人，不仅不应该获得和平奖——这是自由裁量惯例的结果——也不应该不获得奖励。那么，在这种情况下，奖不奖励他们都是不正义（或不恰当）的。

按斯维尔德里克的解释，即使我们不应得，也会受到不正义（或不恰当）的对待——把我们当作有应得对待。因此，正如我已经指出的，如果和平奖是一个自由裁量的惯例，那么，获奖者就不该获得这一荣誉。乍一看，或许可以得出，奖励获奖者是不恰当的，因为这是把不应得的人当作应得对待。但是，可以驳斥这一推断。如果授予和平奖确实是自由裁量的，进而严格地说，从未是应得的，那么，授予这一奖项就不是作为应得这一奖项对待——尽管它显然是为了对待一个应该获得这一荣誉的人而必须做出的行为。相反，严格地说，授奖就是当作不应该不获奖对待。因此，即使按照斯维尔德里克的解释，也不能说，没有人应该获奖就表明授奖总是不正义（或不恰当）的。

尽管这两种解释可以证明，在自由裁量惯例的语境中，只要谨慎，应得的用法可以是一致的，但我认为，这并未证明这么轻松就能保证应得的一致用法。（这也不只是方便的问题。在祝贺某人获得教授席位时，我们说这个席位没有一个人不应得，会被误认为还不如虚伪的赞美。）因此，选择与自由裁量惯例有关的论证，做出高于或低于合理的对待，有很多话可说，不过是用恰当性的话语，而不是用应得的语言来说。因此，如果最终证明奖惩是自由裁量的惯例，就有点反讽的意味，因为在如此频繁地使用应得以及奖惩的语境中，就要防止误解应得，最好避免使用它。

第三节　对应得的反感

尽管在流行的道德观念中，应得仍备受推崇，但在政治哲学中，应得在本世纪❶已经失宠很长时间了。一度出现"对应得的反感"。❷对应得的这种敌对情绪有很多复杂程度各异的来源。最为重要的反驳大致基于一个断言：我们根本没有应得预设的责任。下文（第七章第一节至第四节）我会考察对应得的这一反驳。这里，我想更简要地讨论三种反对意见：应得有根深蒂固的模糊性——或者，至少含糊到无法界定正义需要什么；它有内在的不平等性；任何先于制度的应得都以先于制度的能影响地位的属性为前提，但这样的属性并不存在。

第一，模糊性与不确定性问题。与权益（基于契约的或规则赋

❶　指 20 世纪。——译者注
❷　巴里，《政治论证》，第 112 页。

予的资格）相比，我们往往不清楚什么时候应得，应得到什么。或许我们认为，护士工作的报酬总体偏低，认为他们应该得到更多。但是，给他们增加多少，才符合他们的应得呢？这一反对意见其实是说，没有一种令人满意的方式，能从应得的基础上得出应得的是什么。

至此我已经论证（第二章第一节），应得的东西取决于一个要求：根据能影响地位的属性——所属的那类地位的一员——对待所有人。如果我们表达的关于他们地位的信念是错误的，就无法按他们的应得对待他们。如果确实如此，就不会出现应得的是什么这一极难确定的问题。认为应得的东西源自应得这一概念本身，不会受限制，是错误的。

不过，即使驳斥固有极端不确定性的指控，仍然可以作出更加克制的不确定性指控。为了把应得者当作一个具体地位类的一员对待，或表达应得者是这类的一员这一信念，几乎不需要任何具体的对待形式，因此，应得的东西几乎从未得到唯一的界定。对待的形式是一个无限大的集合，其中任何一种都与把应得者当作有这样的应得基础对待是一致的。

我认为，关于应得的这一要点，是必须承认的。但是，这种不确定性并不是应得独有的。我们看到，它是应得的一个特征，因为它是对待的一个特征，它之所以是对待的一个特征，是因为它是表达的一个特征。一个信念或判断与其表达方式（语言、手势、行为，等等）之间并没有一对一的关联。因此，有人会指出，如果在不确定性的基础上，可以合理地回避应得这一概念，就可以合理地回避一个更一般的概念——表达。但是，建议我们避免使用表达这一概念，似乎是荒谬的。

但是，或许可以反驳说，应得的不确定性问题不是一个与应得本身有关的问题，而是应得与正义的关系问题。按照这一论证，正义需要精确性——我们希望精确地知道正义需要什么——如果应得不能带来这种精确性，它就不是探究正义需要什么时要用到的概念。但是，只有当应得的这种不确定性不会在正义中再现时，才能反驳应得的这一用法。不确定性确实是正义的一个特征。一个非常不合理的假定是，正义总是需要某种独一无二的对待模式。而一个合理的多的假定是，尽管正义对能做的事情设置界限或边界条件——很多人已经指出，正义就是回避非正义❶——但是，行为有很多不同的排列组合方式，而且其中没有任何一种是不正义的。❷因此，回答就是，尽管通常不可能界定按应得的诉求对待时唯一需要的东西是什么，但是，正义自身也共有这种不确定性。因此，就不能以这种不确定性为基础，假定应得不是我们阐释正义需要什么时依赖的概念。

还有一点。一些惯例看上去无疑是不正义的，而另外一些，我们则不太确定它们是否正义。我们把惩罚无辜者、种族隔离和奴隶制归入第一类；把任何既定工作的报酬归入第二类。那么，为什么

---

❶ 论及这一要点的地方，参见 F.A. 哈耶克，《法律、立法与自由》，伦敦，1976，第二卷，第 36 页以及第 162-164 页，注释 9；卢卡斯，《论正义》，第 4 页，包括注释 7。

❷ 参见罗尔斯《正义论》，第 201 页。

有些惯例看上去如此不正义，而另一些惯例则没有这么不正义呢？我提出的解释是，在行为意义争议最少的地方，惯例显然是不正义的。某些情况比其他情况更能精确地界定正义需要什么。导致这种情形的原因之一是一个事实：应得和表达偶尔但也只是偶尔有不确定性。

接下来，我转向不愿诉诸应得的第二个源头，即认为应得有内在的不平等性。（当然，这只是驳斥平等主义者的应得；但许多人拥护平等主义。）我们应该如何看待应得与平等这两个概念之间的关系？这真与平等主义者必须或至少应该规避应得有关吗？

应得与不平等之间的联系不是不合理的。无疑有一种倾向，将应得如果不是与哲学争论中的不平等，就是与政治争论中的不平等联系在一起。第一，应得是想为不平等的分配和对待进行正义辩护的那些人选择的概念。（按需分配提倡资源配给的不平等，但通常认为，这种分配正义是实现福利平等的一种方式。）如果能指出应得的基础是不平等的，就能为不平等性辩护；如果没人愿意承认天生的贵族阶层，并否认所有人在最根本的层面上有平等的地位，那么，这些不平等的应得基础就是指人们做过什么事，而非他们是什么人。第二，正如我下文（第七章第四节）要讨论的，有一种倾向只将应得与奖惩联系起来。尽管从理论上讲，奖励和惩罚都可以是应得的，但在实践中，这显然是极不可能出现的。以奖惩为目的的分配，几乎就是不平等的分配。因此，与奖惩紧密相连的应得沾上了不平等的色彩。

但是，应得真的是不平等的吗？作为平等主义者就一定要拒绝应得这一概念吗？应得经常用来为不平等的分配做辩护，这一事实当然没有表明，与应得自身有关的任何事物是不平等的。非平等主义和平等主义的论证都可以使用应得。如果对待人们的根据——应得的基础——因人而异，不同的人就应该得到不同的对待。但是，当一视同仁可以获得中肯的应得基础时，人们不仅不应该受到差别对待，而且应该不受到差别对待。❶

实际上，我想提出，平等主义者要规避应得这一概念，是有违情理的，因为有充分的理由认为，要表达平等主义是什么，应得是最恰当的概念。平等主义这个观点不仅涉及人们应该受到怎样的对待（即平等待人），而且涉及他们为什么应该受到某一具体方式的对待。平等主义者认为，应该平等待人，因为他们是平等的。但是，我们已经看到，人的地位与表达这一地位的对待之间的关系，就是应得体现的关系。平等主义者还认为，所有人都有受到平等对待的权利。但是，我们不能把坚持这一观点的人等同于平等主义者，因为我们认为，人们有受到平等对待的权利，而不必坚持他们是平等的。❷

---

❶ 这一点是内格尔提出的："我建议，对很多得失而言，接受者的一些特征与他应得的东西有关。如果人们在相关方面是平等的，这本身就构成他们均分利益的理由。"（托马斯·内格尔，《平等对待与补偿差别》，载：马歇尔·科恩、托马斯·内格尔和托马斯·斯坎伦编，《平等和特惠对待》，普林斯顿，1977，第9页）

❷ 比如，有人认为，两个种族的成员地位是不平等的，但是，为满足上帝设定的进入富足之地的条件，就不用考虑种族，支持平等待人的契约。这种人几乎不会是平等主义者，他可以坚持所有人都有受到平等对待的权利，但他们是不平等的。权利这个概念不适合描述平等主义者，这反映了权利有终结（conclusory）性质和多个源头。（"conclusory"一词，我借自约翰·菲尼斯，《自然法与自然权利》，牛津，1980，第211页。）如果至少部分用具体的行动理由来描述平等主义，就一定要用非终结性的术语。应得不是终结性的。

最后，说到没有一种先于制度的能影响地位的属性，可以成为先于制度的应得基础这一主张，进而说到我们何时关注正义，就应该关注现行（并不是不正义的）制度允许的东西，即权益。我们可以赞同，某些属性能影响地位只是因为具体制度的存在——或至少能影响地位的属性对制度有依赖。举例来说：我们可以预计，使某人成为一个好律师的属性，至少部分是由现存的法律制度和惯例决定的。可以预计，在强调调解和妥协的法律体系与对抗性体系中，要成为好律师的属性是不一样的。但问题是，是否所有能影响地位的属性一定要依赖制度。这一点极其可疑。好律师的属性以制度为基础，是因为成为律师就意味着拥有某种角色，而这一角色在体现制度的惯例之内。只要我们脱离用角色就能恰当描述的语境，就可以预计，能影响地位的属性独立于制度这一观点会越来越合理。假定我们坚信我们——或上帝——因自由与理性、智慧与力量、仁爱与可靠等而拥有某种地位，就很难看出，为什么我们只是因为某一套具体制度的存在，才必须承认这些属性会影响地位。

第四节　作为应得的正义：问题案例

我已经论证，承认正义是恰当性，就是承认应得是正义的核心，我们只有按应得对待所有人，才会避免不正义的行为。因此，要坚持正义是恰当性概念家族的一员，就一定要论证，按应得对待不只是正义行为的一项要求，还要论证，正义只与应得有关。

这一观点当然会遇到一些问题案例，要为正义只与应得有关这一主张辩护，我们就必须解决这些案例。让我们估计一下这样的案例有多少。第一，有些考量似乎通常与正义相关，它们没有不当之处，却不能用应得表达。这些考量包括需要和权益。❶认为正义的分配是有时或部分按需分配，这个观点值得一提。❷坚持正义（至少有时）必须按需分配的人（一般确实）不会认为，需要会影响地位，有需要的人更（或更不）值得钦佩或尊敬。❸权益也可以作如是观——基于承诺或契约的断言，或某个一般规则或惯例赋予的资格。一般不会认为，得到承诺或规则赋予的资格是影响地位的因素。因此，地位要求解释了为什么（通常）不适合把需要和权益作为应得的基础。

---

❶　参见："我尝试将常见的正义概念分为三个要素。已经区分出的准则——权利、应得和需要——都是这一概念的一部分，其中每一部分都不能还原为其他部分。"（米勒，《社会正义》，第 151 页）

❷　卢卡斯的《论正义》第 164–165 页注释 6 提到，很多作者允许按需分配成为正义的一个准则。

❸　参见："需要没资格成为应得的基础，因为……没人希望有需要或羡慕别人有需要。"（米勒，《社会正义》，第 86 页）

米勒给出第二个理由："（大多数需要）每个人都有，除非得到满足。"（同上）但是，这一根据不合理。理性几乎人所共有，但没有理由认为它不是尊重和应得的根据。

对需要不能充当应得的基础这一断言，盖尔斯顿提出另一个论证："如果 f 充当应得的基础，就有一个必要条件：要按与 f 相同的规范或道德来评价适合它的对待 x。如果认为 f 是好的或想要的，x 也是如此；同样，如果认为 f 是坏的，x 也是如此。显然，需要并不满足这一标准；人们想要的不是需要，而是它产生的对待。"（盖尔斯顿，《正义与人类之善》，第 174 页）但是，看不出接受这一"必要条件"的理由。如果它只是概括"应得"的用法，那么，这一论证容易受反例的攻击。我已经论证（第一章第四节），更高的地位并不总是以更好的对待为标志。不管怎样，这里的论证可以倒过来，把需要作为反例。而如果它不只是概括，就不知道如何为它辩护。

第二，我们看到，有些考量通常是用应得的话语表达出来的，却对我要捍卫的那种对应得的解释提出难题。从表面上看，应得的诉求以贡献为基础，当一个人不是因自己的过错而吃亏时应得到补偿——这两个主张往往与地位要求相悖。

因此，问题就是处理这些明显与我已经提出的正义解释相反的事例，并由此为这一解释辩护。处理这些问题案例，占据接下来三章的大部分内容。在第三章，我讨论需要、贡献和补偿；在第四、第五章，我分别讨论基于承诺的权益和规则赋予的资格。在试图消解这些明显的反例时，我会采用很多策略，但我这里特别要提出其中一个的一般形式。这个策略就是用间接的应得（indirect desert）这一概念，提出一种还原论证。

我们看到，驳斥正义只关注应得这一观点的标准论证，其基础是主张切合正义的一些考量不能（或没有）充当应得的基础——这些考量不会影响地位。要消除这一反驳，就要提出下面这种还原论证。假定正义提出的要求是，按 X 对待 A，但 X 不能充当应得的基础。由此不能得出，A 不能根据 X 而得到应得的东西，因为 A 或许有某个能影响地位的属性，比如 Y，要按 Y 对待 A，就必须按 X 对待 A。例如，如果人们有某个（或一组）能影响地位的属性，称作 D，因此，按 D 对待他们，就必须按他们的需要对待他们，那么，我们会说，应该按人们的需要对待他们（尽管是间接的），即使需要没有（而且不能）充当应得的基础。简言之，从 X 不是一个人可能的应得基础这一事实，不能得出不应该按 X 对待他。这种看法忽视了间接应得的可能性。

　　任何一个具体的诉求，是否可以理解为一个间接的应得诉求，至少部分取决于能否合理地得出应得的基础，能否合理地用其他（尤其是矛盾的）方式描述这样对待的理由。可以肯定的是，单凭有可能以间接的应得为基础展开的论证，不足以表明这一考量（尽管是间接地）以应得为基础。但是，也不该忽视这种解释的可能性。

　　因此，坚持正义是恰当性，就要完成一项计划：要么取消那些看上去与正义切合，却不能用应得的术语表达的考量；要么把它们还原到应得。在完成这项计划时，我们希望不仅为正义概念的一种解释做出辩护，而且阐明大量正义准则的基本原理。

第三章 成员、整体与同伴

我们该如何看待个人与社会的关系？这或许是社会哲学和政治哲学的核心问题。不同的政治哲学对这一关系的理解大相径庭。一个极端的观点是，个人仅仅是一个更大的社会整体的部分，就像四肢是身体的部分一样；另一个极端的观点是，个人完全独立，自成一体。本章我想考察，我们对这一关系的看法如何影响我们对正义需要什么的看法。

有很多准则旨在确定个人之间的利益和责任的恰当分配，可以把这些准则理解为表达个人及其所属的（如果有的话）社会整体之间（被认为存在）的关系的方式。至少我会这样论证。首先，我考察（分配利益、责任和补偿的）一些准则，我们可以把这些准则理解为对待一个成员和一个完整的人的方式。接着，我转向那些可视为表达同伴关系的准则，我认为它们包括成员资格和整体性这两个要素。最后，我转而讨论一个问题：能否把这些准则当作正义的原则，如果能，它们是否与作为恰当性的正义相容。这样，从本章开始，我要为我提出的正义解释做辩护。在这个过程中，我试图解释，如何在应得的话语中表达某些经常被认为与正义切合的考量，而不会出现不当之处。

第一节　作为成员与作为整体对待

我们该如何看待个人与社会之间的关系？首先考虑的观点是，个人是社会的一员，就像四肢是身体的部分。按照这一观点，个人只是一个成员，淹没在他仅仅属于其中一分子的社会——社交整体——中。认为我们自己只是成员，就是单独看，我们都是碎片，是不完整的。❶ 与此大不相同的观点是，个人本质上都是独立的，而社会只是这些个人的集合。这是把个人而非社会看作整体。我想考察对个人和社会之间关系的这两种理解及其表达方式。我从我们只是成员这一观点开始。

什么样的制度安排才能表达成员资格？设想人只是社会整体的成员，就是设想他们自身没有独立的利益（好处）。（四肢是身体的组成部分，但我们并不认为四肢有独立于身体的利益。）分配原则要表达我们只是成员，就一定要反映这一点。

表达成员资格的准则是按（社会）整体的利益来分配利益和责任的原则。如果个人不是独立的利益承担者，分配原则就不能以个人利益为基础，就要提升整体利益。每个成员应该按自身的能力为

---

❶ 尽管"成员"（member）并不一定有"部分"（part）暗含的那种不完整性（incompleteness），但当语境的关注点是更大的整体时，比如，我们说人们是议会、教会、运动团队或剧团的成员，使用"成员"。这一用法也考虑到"成员"的词源——拉丁词 *membrum*，即肢体。

整体的利益做贡献。成员的能力不同，做贡献的方式不同，贡献的价值就不同。一般认为，一个人技能越高或越富有，贡献就越大。因此，我们就有一条从依据个人能力到依据个人需要的原则，但能力和需要都要参照整体利益来理解。

这里是否为补偿的惯例留下一席之地呢？如果我们理解的补偿是指，给吃亏的人提供利益，旨在让他回到（或朝向）发生损失之前达到的幸福水平，这里就没有补偿的立足之地，因为按照这种解释，补偿体现的利益因人而异。（只有假定成员有利益时，才能鉴定他的幸福水平。）但是，如果我们假定补偿的基本想法是弥补（counter-balancing），那么，就像我们说身体的各个部分相互补偿那样（比如，视力弱的人，听力会非常发达），我们也可以假定，一个成员发展出的能力可以弥补其他人的弱点，而成员作为成员，有责任发展出这样的能力。（这条补偿原则——如果就这么表达——可以视为适用于分配任务的一条一般原则的一个特例，即我们有责任为社会的整体利益贡献自己的力量。）

我们每个人只是一个成员，这一论题的反题是，我们根本不是部分，而是自成一体。个人是独立的整体。如何表达个人独有的这种整体性呢？如何把个人当作整体对待呢？

活着就有风险。我们可以把发生在我们身上的事情控制在一定范围内，但还有很多事情是受运气——好运或厄运——的支配。我们或许身体健康，或许被事故或疾病击垮。社会需要的那些天赋，我们或许有，或许没有；我们或许无意中做出一个有价值的发明，而合理规划的研究却将我们带入死胡同。因此，说我们是独立的整体，就是假定我们每个人都与运气有具体的关系，在采用分配准则时就要考虑个人的这些命运。我们禁止干扰每个人的命运，由此表达我们的独特性、独立性和完整性。

该如何考虑个人的命运呢？首先考虑的情况是那些没有为利益做贡献的人之间的利益分配。子女之间的财产分配，或（所有）个人之间的（原始）土地分配，就属于这一类型。这里可以认为，利益均分不仅是表达我们的平等性的方式，也是表达我们的独立整体性的方式。这种分配至少在接受者的需求和利益变化的情况下，有可能造成个人收获的不平等。我们忽视需求和收获的变化，把它们当作不同情况对待，没必要矫正。只要这些不同情况反映了每个人的运气，我们就考虑到了个人的命运，并表达了每个人的完整性。

在这类分配的情况下，人与人之间的互动或必需的互动很少或没有。但是，很多情况下会有互动，这时，要表达每个人的完整性，就会出现一个问题：利益与责任如何分配。考虑一下联合生产（joint production）的利益分配情况。如果要考虑每个人的命运，该如何分配利益呢？这里，合理的准则是按贡献分配利益原则。运用这一原则，就是试图分解或拆解联合生产的过程，把生活的风险留给个人。❶ 源于个人运气的各种利益又返回到个人。这样，如果将每个人的好运或厄运带来的利益都留给他们自己，就能表

---

❶ 参见罗伯特·诺齐克，《无政府、国家与乌托邦》，牛津，1974，第185–186页。

达每个人的独立性和完整性，那么，将这一方法扩展到生产过程高度整合的社会产生的利益和责任的分配，也能表达出每个人的独立性和完整性。

责任如何分配呢？把（某个人）当作一个单独的整体对待，大概不会为了其他人或任何假想的社会整体的利益，把责任加给这个人。与将（某个人）当作一个单独的整体（也避免了仅仅当作工具或手段）对待相一致的一条原则是，要求只按每个人选择的贡献给出。❶ 但是，谨慎地看，这一点是错误的：有可能（未经同意）对个人强加某些负担，而不需要把他当成员（或工具）对待。如果负担不可避免或允许强加（或许是为了提供公共产品），那么，平均分配负担——比如通过人头税（poll tax）——与把每个人作为一个独立的整体对待是一致的。❷（至少在我们假定每个人不仅是一个整体，而且在其他能影响地位的属性上是平等的情况下。）随着利益的分配，这种分摊可能造成不平等的结果：贡献能力小的人负担重，而运气好的人负担轻。如果目的是通过考虑每个人的命运，把每个人当作一个单独的整体对待，这当然并不是一个异议，恰恰相反，它是实现这一目标的关键。

---

❶　参见"按照每个人的选择从每个人那里给出……"（罗伯特·诺奇克，《无政府、国家与乌托邦》，第160页。）

❷　如果把公共资源用于所有人的利益，就可以驳斥下述指责：这条原则把每个人当作工具或部分对待。因为如果我们的行为旨在增加个人的利益，即使违背他的意愿，也没有把他当作工具对待。如果从个人角度看，为提供公共产品做贡献是不合理的，甚至能否认家长主义的指控。强化这一原则，与其说会限制个人自由（尽管是为个人自己的利益），不如说能使他们实现作为（理性的）个人想实现却无法实现的目的。

说同补偿，我们可以指出，当目标是通过考虑个人的命运，表达个人单独的整体性时，分解（unravelling）这一概念也是补偿惯例的基础。（因此，可以再次认为，补偿是奠定一般的分配准则的那些原则的具体应用。）个人作为一个个整体，是利益的承担者，这样，补偿的目的就变成向遭受损失或伤害的个人提供利益，希望他回到遭受损失或伤害之前的幸福水平。

在什么情况下，应该为吃亏提供补偿呢？支配补偿的准则，要把个人当作单独的整体对待，即当且仅当一个人因其他一个或多个人的过失而吃亏时，才应该补偿。补偿的这一路径用两种方式表达每一个人的整体性。第一，这一原则体现的观点是，我们要对我们做的和没做的事情负责——可称作买单（account）。但是，这一原则还进一步断定，只有在行动者（agent）出错时才会有补偿。因此，这接着又断定，生命遇到风险时应该随遇而安。这一原则就像按贡献分配一样，努力以考虑个人命运的方式，分解有互动时的事态；遵循这一原则，为每个人提供了一场靠运气定输赢的比赛。由此再次表达我们的整体性。

第二节　作为伙伴关系对待

如果我们希望以片面为由，拒绝单独的成员资格和整体性，就要考察我们是否能认为自己既是整体又是成员。个人既自成一体，又是一个更大整体的成员，他能既不被淹没也不被隔绝吗？我想用伙伴关系（partnership）包含部分的整体（partial whole）这一概念。❶这样，我们就通过考察一个熟悉的概念，考察当作部分的整体对待这一要求。当然，在伙伴关系中（我们会想到商桥伙伴，婚姻，等等）存在着一种联合，伙伴是一个更大整体的成员。但是，伙伴不一定要被吞没，当我们说到一个伙伴关系时，既关注联合又关注构成这一联合的要素。伙伴关系中至少保留了理想的个体性和差异性。

如果我们把自己当作伙伴，就一定要认为我们自己既自成一体，又是社会整体（伙伴关系）的成员。如果要这样对待我们，就一定要找到能表达伙伴关系的这两个方面的对待形式。这样，如果我们是伙伴，我们就是成员——不仅是成员，而且一直是成员。因此，我们认为自己是伙伴，就是承认有一个利益整体（伙伴关系），我们作为伙伴，有责任为这一整体做出贡献。不过，伙伴也可以当整体看待，他们有自己的利益。因此，各个参与者的利益有可能甚至极有可能并不总是与合作关系的利益一致。但可以合理地说，一旦我们认为参与者与合作关系的利益冲突在增加，我们相信可能有真正

---

❶ 参见："但是，我们每一个人不仅是一个部分，也是一个'系统'或整体。我们是部分，并不是说我们就不能也是整体；人——与原子不一样——曾被称作'部分的整体'，是一个更大整体的各个部分，而这些部分本身也是整体，有自身的部分。"（乔纳森·巴恩斯，《部分的整体》，《社会哲学与政策》，1990（8），第2页）

有人断定："最初的整体、分裂、重聚，这一节奏在西方思想中得到广泛肯定，不仅在黑格尔……马克思那里，而且在大多数的宗教教义中，在无辜、堕落和救赎的基督教三重奏中，在柏拉图的《会饮篇》解释的阿里斯托芬的爱中，在对人的起源的某些精神分析的叙述中，以及……在席勒《人类美育书简》中，都反复奏响。"（G.A. 柯亨，《卡尔·马克思的历史理论：一个辩护》，牛津，1978，第21页）如果成员资格和整体性这两个概念对应于原始的整体与分裂这两个阶段，就可以认为同伴关系对应于重聚的综合。

伙伴关系的意愿就会降低。如果最终存在伙伴关系，单个成员的利益与伙伴关系的利益就一定存在某种程度的重合。这是为了将伙伴关系视为一种综合所必需的一部分。

那么，要可能有伙伴关系，就要有足够的利益重合。如何表达伙伴关系呢？上文我们看到，表达我们的整体性的一种方式是考虑并强调个人的命运和运气的制度安排。现在我们可以看到，如果我们要将彼此当伙伴对待，就不可避免地要用这种方式表达个人的整体性，因为伙伴关系至少在某种程度上有共同的命运。这就出现一个问题：在伙伴关系的语境中，是否还有另一种作为整体对待的方式。

我想论证，可以把按需分配原则（及其对应的按贡献分配原则）解释为表达伙伴关系的成分的一种尝试：既表达联合又表达差异，既表达成员资格又表达整体性。我的主张不是它们必然会成功，因为当伙伴对待有哪些要求是一个特别复杂的问题，会把伙伴关系这一概念自身内在的模糊性和复杂性与用行动表达人性产生的模糊性和复杂性叠加在一起。相反，我的主张是提出一种合理情况——需要原则既表达成员资格又表达整体性，而这一原则的基本原理则能澄清待解释的那个原则的种种特征。

我首先想考察我们该如何理解按需分配原则。按需分配通常被其拥趸奉为一条正义原则。如果我们假定这一原则真是一条正义原则，就可以合理地将它解释为分配必须与需要成正比。或许资源应该按与需要成正比来分配，因而需要越多，分配到的资源也越多；或者，我们应该关注资源的一种具体分配方式满足需要的结果，以这种方式分配可用的资源将以最高的平均比例满足每个人的需要。（我们由此发现，可用资源满足每个人的需要最高比例是比如60%。）

但是，我想指出，我们应该拒绝这两种解释，甚至拒绝认为比例能发挥任何作用。按需分配原则（作为一条正义原则）最合理的时候，就是将它解释为：需求最迫切的人（不是自己造成的）对任何可用的资源有优先权。如果这些人的需要已经不比其余的人更迫切，（出于需要的考虑）就不应该再向他们提供专用的资源。❶ 我把这一点称为最先满足最迫切需要原则（the principle of greatest need, first claim，简称为 GNFC）。接受这一观点，我们就要满足那些需求最迫切的人，直到他们的需求水平达到下一类最迫切需要的人，再满足这两类人的需要，直到其余的需要达到再下一类最迫切需要的人，以此类推。❷

有什么理由接受被解释为 GNFC 的按需分配原则呢？有人会

❶ 这个论证是驳斥比例的。但是，我也想说说我赞成比例的论证。我想提出，在这一语境中，借助比例是不合逻辑的。可以认为，比例在按需分配原则（作为一条正义原则）是有用的，因为它能把正义与比例联系在一起。这就可以确定，正义往往需要比例，因为在应得的基础出现不同程度变化的地方，受到的对待必须与应得的基础成比例。一个经典的案例是，惩罚只有在与它针对的错误行为成比例时，才是正义的。可以认为，行为（应得的基础）的错误程度不同，应该受到的相应对待一定不同。因此，如果需要能成为应得的基础，这一论证就适用于需要的情况。但是，我们看到，需要并不符合地位要求，这就有充分的理由认为，需要不能充当应得的基础（第二章第四节）。这不是排除支持比例的可能性，而是不能轻易假定，把正义和比例联系在一起，就能赞同比例。

❷ 当资源与需要的满足之间的关系断断续续时，改善需求最迫切的人的处境，就是将他们的需要水平变得低于下一类最迫切需要的人，这种情况提出的问题，我这里予以考虑。

说，只要有可能，就该减少需要，因为（真正的）需要是一种罪恶。但是，这一论证不足以证实 GNFC 原则独有的特征：如果我们关注的未被满足的需要就是一种罪恶，就很难理解我们为什么应该接受 GNFC 原则，而不是接受使未满足需要的个体数量（或未满足需要的群体）最小化的资源分配原则。❶

承认必须将未满足的需要最小化这一原则，其实是接受一种功利主义观点。同样，这一原则也可以得自基于下述经验断言的幸福最大化原则，即要使未满足的需要最小化，就必须将幸福最大化，或者采用一种关于善的具体理论——未被满足的需要本身就是罪恶，将这一原则辩护为功利主义的一种形式。支持这一原则的论证一般都适用于功利主义：我们鉴定什么有价值，什么无价值（必要时，为这一断言辩护），并指出我们的行动应该使价值最大化。为了坚持这一原则不是不正义的，我们就必须指出，遵循这一原则，并没有薄待他人。确实，未满足的需要最小化原则似乎明显满足平等待人的任何要求。（按这一原则解释边沁，就是把每个人的需要单位计作一，没有一个人的需要会大于一。）

要使未满足需要的个体数量（或未满足需要的群体）最小，就不会否认诉诸行动。而承认 GNFC 原则，则意味着有可能按减

---

❶　另一条原则（只有在需要的数量恒定时才会有相同的结果）是使满足需求的个体数量（或满足需要的群体）最大。但是，我认为这条原则不太合理，因为它有一个疑点：有些需要是我们自己先产生后来得到满足的，满足这种需要与满足自然出现的需要，两者的价值是一样的。

少需要的方式采取行动。❶ 显然，这需要理由。我们可以假定，从平等性得出的论证是可行的。我们已经看到，承认 GNFC 意味着（有资源可分配，其实有助于需要的满足）首先将资源分配给那些最需要的人，直到他们的需求等于下一类最需要的人，再把资源分配给所有这些人，直到他们的需求等于再下一类最需要的人，以此类推。我们可以指出，反复应用 GNFC 的结果，就是走向福利均等。因此，我们认为，支持 GNFC 的论据依赖于从平等性得出的一个论证。

但是，这个论证会遇到一些困难。第一，它假定有令人满意的理由实行福利均等。第二，这一论证依赖于对平等性的一种具体解释，而这种解释并非无可置疑。这一论证假定，衡量任何群体的不平等程度的合理标准，就是那些需求最大与最小的人数之差。如果我们采用另一种衡量不平等的标准——比如群体需要的标准偏差——那么，把资源集中在最需要的人身上（满足这些需要代价相当大），不平等的降低幅度没有另一种分配降低的幅度大。第三，如果改善最需要的人的处境的最有效方式是激励需要较少的人，那么，在实践上，首先考虑最需要的人，就必须提高需要的不平等的幅度，因为

---

❶ GNFC 并不等于需要的最小化。如果一家医院的可用资源，要么预防一个有一条腿的人失去那条唯一的腿，要么预防 100 个有两条腿的人各自失去一条腿，那么，GNFC 的要求是，首先考虑那个有失去唯一一条腿危险的人。但是，如果我们要把未满足需要的个体数量（或未满足需要的群体）最小化，就一定要权衡少数人的大量需求与多数人的小量需求。这里没有任何理由认为，把未满足的需要（的单位）最小化将会导致按需要或人们有待满足的那部分需要的比例分配资源。需要的最小化要求首先满足最廉价的需要。没有理由认为这会按任何比例分配。

它会导致需要较少的人减少的需要多于需要较多的人减少的需要。❶
因此，福利均等与 GNFC 是冲突的。

把按需分配解释为 GNFC 时，它的一个更合理的基础是，把这一原则理解为对待伙伴——既可以是整体也可以是成员——的一种方式。从需要最小化原则，可以得出对功利主义的一个反驳："没有严肃对待人与人的差别"❷，不标明这一差别，就不能表达他们的独立性及其暗含的整体性。把按需分配理解为 GNFC，就是单独考虑每个人。一旦我们单独考虑每个人及其诉求，就不得不得出一个观点：最需要的人有最优先的诉求。其他人身上是否有这些需求，是否有可能通过照顾不太需要的人，进一步减少需求，都不会影响这一诉求。采用这一决策步骤时，只要拒绝"叠加"（add up），尤其在采用 GNFC 的后果与采用需求最小化的后果有重大偏差的情况下，就可以断定，个人并不仅仅是部分，而且是表达每个人都是一个整体这一事实的一种方式。❸

但是，需要原则不仅表达整体性，也是表达每个伙伴都是成员这一事实的一种方式。只要我们的需要不是自己产生的，按需分配

---

❶ 参见约翰·罗尔斯《正义论》，牛津，1972，第 13 节。

❷ 罗尔斯，《正义论》，第 27 页。也可参见该书第 187-189 页；诺奇克《无政府、国家和乌托邦》，第 33 页（该书中文版，可参见中国社会科学出版社 1991 年版的何怀宏译本。——校者注）。

❸ 这一论证对罗尔斯似乎不适用，因为尽管他强调我们在根本上彼此独立，但我们各个人并不完整："只有在社会联合中，个人才是完整的"（罗尔斯，《正义论》，第 525 页注释）。但是，如果我们是不完整的，就很难理解，为什么认为我们用叠加的步骤做出的行为是不正义的。即使我们允许在我们相互分离时，把我们当作没有分离对待，仍需要解释为什么这样的对待是不正义的。当然，一般不会认为，相互分离能提高地位。

就是我们摆脱听天由命，同舟共济的一种方式。因此，它是表达我们团结的一种方式。

我们可以质疑，表达伙伴关系必需的按需分配原则能否扩展到我们自己强加的需要之中。第一，按伙伴关系必需的利益一致性程度，强加给自身的任何需要都有可能强加到伙伴关系上。因此，自己强加的需要有可能会破坏任何伙伴关系的存在，进而破坏任何成为伙伴的诉求。第二，真正自己强加的需要几乎不可能成为个人命运的一部分。因此，以一条共同阵线面对自然，或同舟共济，不一定要以自我强加的需要为基础进行分配。第三，可以合理地认为，不为自我强加的需要负责，非但没有表达整体性，反而表达个人不是整体。（成员资格要求我们同舟共济，但整体性要求我们为我们作为个人所做的事情负责。）出于这些理由，我们可以指出，以表达同伴关系为基础的需要原则，其基本原理没有扩展到自我强加的需要。

我已经指出，把按需分配理解为 GNFC，其中一条基本原理就是当伙伴对待。GNFC 并不只依赖把伙伴当整体和成员对待。这一论证的另一个前提是地位平等：GNFC 假定，人人平等的含义是，平等关注每个人的需要。最需要的人，不管他或她是谁，要有优先权，就要以平等的关注为前提。❶ 但是，仅凭地位的平等，显然不足以为 GNFC 辩护：正如我们已经指出的，将未满足的需要最小化这一原则，也视每个人值得平等关注来对待。平等待人这一要求，并不

---

❶ 参见："如果把需要的满足视为正义问题，就要有（一个）潜在的前提。这一前提难以说清楚，但可以用一句话表达：每个人都像其他任何人一样值得尊重，换言之，有一种潜在的平等。"（戴维·米勒，《社会正义》，牛津，1976，第 146 页）

足以为人们选择 GNFC，而不选择将需要最小化提供任何理由。采纳 GNFC，而不是选择把需要最小化，其理由在于，在伙伴关系的情境中表达整体性。

那么，责任的分配如何呢？还是那条必需的原则：要表达伙伴关系，就要在有分享财富时表达每个人的整体性。均摊责任，比如人头税，会因为与分享财富以及共同命运的表达不一致而遭拒绝。在伙伴关系中，只要个人承受责任的能力源于不由他个人负责的事件，分配责任时就一定要反映这一能力。如果不指望有能力的人（因为财富）分享这些能力产生的利益，就不能把他们当联合体的成员对待；分配原则如果没有反映个人的无能（因为没有财富），就会把能力不足的人当非成员对待。

但是，把个人当作整体对待，这一要求为施加的责任强度设置了界限。为了社会的整体利益而牺牲任何个体的利益，就是把个人仅仅当作成员而非一个伙伴对待。责任分配原则在把个人当伙伴对待时，有理由单独考虑每一个伙伴，在这一辩护的过程中一定不会增加任何东西。（在任何情况下，如果不是把个人当纯粹的工具或手段对待，那么，责任或至少将人整合在一起的制度，要么出于个人的利益，要么服从个人意见。）因此，再次有理由认为，伙伴关系需要一个重要的标准，衡量各个参与者与伙伴关系的利益的一致性。

最后，伙伴关系中的补偿是怎样的呢？我提过，如果把一个人视为独立的成员，那么，无论他有没有做出行动，都有责任补偿其他人（即其他成员）的过失。而如果只把一个人视为一个整体，那么，只有在他因他做或没做出行动而造成损失的情况下，才有赔偿责任。

我指出过，这一补偿原则把每个人当作独立的整体，依赖两个判定：我们应该赔偿因我们的过失造成的损失；生命遇到风险时（不怪任何人）应该相依为命。

因此，鉴于相依为命是表达整体性的一种方式，我们可以替换它（在伙伴关系中则一定要替换），就可以合理地认为，如果把我们当一个整体对待，我们就必须为自己的过失负责。（我认为，我在论证表达伙伴关系的按需分配原则不一定涵盖自我的需要时就是如此。）如果确实如此，那么，伙伴关系就保留了（个人）有没有做出行动的责任，比如一个伙伴损害另一个伙伴的利益时，就应该做出补偿。（这不是说应该强制执行这一任务：在伙伴关系内，还有救济与宽恕。）

但是，在伙伴关系中，一定要拒绝一个判定：不因个人过失而吃亏，就不该得到补偿。这是对共同面对自然、共享彼此命运的伙伴提出的要求。因此，在表达伙伴关系的体系中，既要补偿他人造成的损失，也要补偿仅仅因为厄运造成的损失。补偿的基础原则总体上还是分配的基础原则。❶

我们已经看到，如何把支配利益和责任分配的很多准则，理解为表达个人和社会整体之间的关系；具体而言，可以认为，它们

---

❶ 或许有人指出，如果损失并非个人造成，而遭受这一损失的人比在 GNFC 下通过可用资源也不能提高自身地位的那些人的需要更少，就不该对这些损失做补偿。尽管这个立场看上去更连贯，但有缺陷：有可能严格限制我们务必表达与我们的伙伴共有的成员资格的机会，以及我们有机会表示团结的伙伴的数量，因为采纳 GNFC，会导致大部分资源用于少数成员身上。（在有过失而且因表达整体性而非成员资格获得补偿的地方，则不会出现这一问题。）

是表达成员资格和整体性的方式。我不是主张，这些准则要么完整要么专门表达成员资格和整体性 ❶，基于我这里给出的简短讨论，还不能得出这些主张。相反，我的主张是，表达成员资格和整体性这一问题，提供了理解这些准则的背景，也提供了考察这些准则与正义之间关系的背景。接下来我就转向这一问题，即这些规则与正义之间的关系，尤其这些规则与我努力坚持的那种正义解释之间的关系。

第三节　成员、整体、同伴和正义

我们讨论过的各种准则是正义的准则吗？在承认其中任何一个时，我们会因此表明我们对正义需要什么这一看法吗？我们时而认为，任何分配原则其实都是正义原则。如果我们采取这一观点，那么，我们讨论过的那些表达成员资格、整体性和伙伴关系的准则就是正义原则。这是用如何分配利益和责任这一具体问题来标识正义

---

❶ 我指出过，可以认为采纳 GNFC 是作为一个伙伴对待的方式，但我不是说，要作为一个伙伴对待，就一定要采纳这一原则。罗尔斯的两个原则，是作为我们表达合作关系的方式提出的，用于表达我们的成员资格："在作为公平的正义中，人们愿意共享彼此的命运"（罗尔斯，《正义论》，第 102 页）；"差别原则……确实对应于博爱的自然含义"（同上，第 105 页）。但是，不能仅把我们当成员对待：重要的是，"严肃对待个体的多样性和差异性"（同上，第 29 页）；处于原初位置的人，将被认为是"独立的"（同上，第 252 页）；按照共识要求，每个人在选择原则时都有否决权；可以避开累加："在作为公平的正义中，绝不会出现达到满足的最大净余额这一问题……"（同上，第 30 页）。

概念。❶我已经拒斥正义其实就是分配正义这一观点（第一章第四节），并提出在理解正义时要参照行动的具体理由（第一章第二节）。在分配利益和责任时，我们会有不正义的行为：正义的行为需要规避某些分配活动。但这不能得出，所有分配原则一定是正义的原则。因此，我提出，我们有可能接受这些分配准则的一些或全部，但并不意味着它们是我们的正义原则。

这些准则与我提出的正义解释有什么关系呢？承认这些准则是正义的问题，它们能与作为恰当性的正义相容吗？承认正义是恰当性，就要赞成一个观点，即接受这些规则是正义原则，要用默认的一个观点来解释：把成员当非成员对待，或把整体的人当纯粹的部分对待，就是薄待（或厚待）他们。由此，首先要考虑的问题是，成员资格和整体性是否为能影响地位的属性，或至少这样认为是否合理。如果它们是，或这么认为是合理的，就可以表明，主张我们考察的这些准则是正义的原则，就与作为恰当性的正义是一致的。如果不能合理地认为它们是能影响地位的属性，那么，我们要么断定，尽管没有理由认为成员资格或整体性本身不能影响地位，但对待要符合某个能影响地位的属性，就必须符合成员资格和整体性；要么断定，以任何理由接受这些准则，都不能视为正义问题；要么有理由否认正义是恰当性。无论如何，中心问题都是成员资格和整体性是否能影响地位，或至少有理由这么认

---

❶ 参见："我提出的理论……要解释社会基础结构的某些分配原则。我认为，任何相当完备的伦理学理论一定包含与这一基本问题有关的原则，不管这些原则是什么，都构成这一伦理学的正义理论。"（罗尔斯，《正义论》，第 10 页）也可参见第 5 页。

为。我先说整体性。

我们有什么根据认为，整体性是一种能影响地位的属性？整体性的高级地位有"内在"和"外在"两个方面。首先，尽管整体由部分组成，但这些部分一定要融为一体，没有缝隙或瑕疵，形成一个完整的实体，一个统一体。（"个人主义"一词表明这种完整性、不可分割性。）变成整体就会变得健康（well）："整体"（whole）在词源上与"治愈"（heal）联系在一起。但其次，整体性这一概念包含完整无缺的观念。整体的东西有一个重要意义，即它是自足的，（比如它的身份）不依赖于一个或多个他者。上帝地位的成分源于一个事实——他不依赖于他自身以外的任何事物，如果这算事实的话。["整体"的词源也与"神圣"（holy）一词有关。]因此，有理由认为，整体性能影响地位。当然，这一点广为认可。一般认为，整体而完备的东西高于不完备且纯粹是一个部分的东西。

成员资格又如何呢？成员的地位高于非成员吗？重要的是要搞清楚这里的问题是什么。我们关注成员资格本身。高级群体的成员资格可以提升地位，但之所以如此，是这一群体成员的地位高，这个群体的成员资格想必有提升地位的属性。但这里的问题是，成员资格本身是否可以提升地位。在其他条件不变的情况下，不考虑与成员之所以是成员有关的地位，成员的地位高于非成员吗？

我们一定要区分成员资格本身和合作关系（co-membership）。我说的"合作关系"，是指属于同一整体的人或实体之间的关系。我们顺便指出一个不合理的断言：合作关系会影响地位。有某种倾向认为，属于自身社会团体——人种、种族、民族、部落、共同体、家庭——的那些人，事实上高于不属于的那些人，并应该受到这样的对待。但难点是，如何把这一观点变得合理。这当然不是认为，（恰好我们自己所属的）家庭、共同体或种族的成员有更高的地位，（所有人）应该这样对待他们。这看上去不合理，但没有理由认为它不可能是正确的。但是，有充分的理由排除一个断言——个人自己所属团体的成员有更高的地位，承认这一观点就是承认地位与主体有关。

这不是要否认，我们有可能把我们同一团体的成员与其他人区别对待，而是要否认，这样对待是正义问题必需的（如果我们不考虑，在间接应得的基础上，同一团体的成员应该得到不同对待的可能性）。例如，我们认为，我们对兄弟姐妹的感情浓于对一般人的感情，但是，如果我们不以某种具体的方式对待我们的兄弟姐妹，我们的行为也不会是不正义的。当然，赞成合作关系要求的人拒不承认，这些要求建立在正义的基础上。❶

---

❶ 参见："我欠某个人的东西超出了正义必需甚至允许的范围，这不是因为我心甘情愿，而是因为那些或多或少坚持下来的友谊与承诺，它们合在一起，是我这个人的部分规定。"（迈克尔·J.桑德尔，《自由主义与正义的局限》，剑桥，1982，第179页）

如果实际情况是，比如，对亲人的特殊对待一般超出正义的许可，就会成为一种非常可疑的举动。但这一点并不是清晰明白的。可以合理地认为，在某些情况下，我们可以给予亲人一些优惠对待，而不需要把他们当作地位高的人，即使我们必须做的事就是为了把他们当作地位高的人对待。我们给予优惠对待，其含义仅仅是他们是我们的亲人，而不是他们的地位高于其他人。给予优惠的情境使行为的意义蒙上多重色彩。例如，这一行为是凭借公职完成的，如果公职有不偏袒亲人（以亲人的身份）的责任，那么，优惠就暗含一种优越性；如果公职没有这一责任，优惠就没有这层含义。尽管我们不能说我们给出的对待是平等的，但仍可以说我们不是在不平等地对待。

认为成员资格能影响地位，就属于这种情况。成员与非成员之间的对比是整体的内部成分、整体不可或缺的部分与至多只是整体的边缘或附属之间的对比。演员、俱乐部会员、教师或团队成员构成演员表、俱乐部、全体教员或团队。成员之所以有成员的地位，源于一个事实：在某个重要的意义上，一个更大的整体依赖于其成员的存在而存在。因此，只要一个整体获得的地位至少部分不依赖于（任何外在于它的）某个东西，就可以认为，（整体的存在）依赖于能影响成员地位的成员资格。

如果我们承认，成员资格和整体性都是能影响地位的因素，就可以得出，伙伴关系也能影响地位。同伴既是成员又是整体，在这个意义上，他们既是比他们自身更大的某个东西的组成部分，又自成一体；他们（作为成员）既依赖他者，（作为整体）又是独立的。

尽管有理由认为成员资格和整体性能影响地位，但主张整体性赋予地位比主张成员资格赋予地位的争议更少，得到的认可更广泛。因此，值得考虑的有两种立场，在本章余下部分，我想依次考察这两个立场。我首先考察，承认成员资格和整体性能影响地位，或有理由这样认为的后果；接着，我考虑只承认整体性能影响地位或有理由这么认为的后果。

因此，假定我们承认，成员资格和整体性都能提升地位。表达成员资格、整体性与伙伴关系的准则，与作为恰当性的正义之间，是什么关系？如果成员资格、整体性和伙伴关系都能影响地位，就可以得出，要承认正义是恰当性，正义需要实事求是地把人当作成员、整体或同伴对待。现在，我提出诸多分配准则的一条基本原理：这些准则是表达成员资格、整体性或伙伴关系的一种手段。因此，这些准则表示按应得——尽管是间接的应得——对待人的各种方式。如果人是成员、整体或同伴，就应该受到这样的对待，这些准则至少是他们受到应有对待的一种方式。

因此，按照一些假定，就可以把我们考察过的准则纳入正义是恰当性概念家族的一员这个观点。首先考察与完全的成员资格有关的准则。如果成员资格能提升地位，那么，把成员当非成员对待，就是不正义的。为表达（独立的）成员资格，如果必须按社会整体的利益来分配收益和责任，那么，不遵循这一准则就是不正义的。如果一个家庭遭受灾难的打击，为减轻灾难的后果而不指望所有成员做贡献，那么，把不指望能做贡献的那些成员当非成员对待，就是不正义的。如果把在战争中拒绝全力以赴做贡献的妇女当非成员对待，就是不正义的对待。❶ 这种论证形式也能用来为一个税收系统——比如累进税系统（a progressive system）——做辩护：按支付能力纳税。认为每一个人有义务按能力纳税，就是将每个人当成员对待。人头税拒绝按能力承担责任，是把所有人当非成员对待。如果所有人都是成员，那么，人头税对所有人，包括那些承担最少责

---

❶ 这一论证不同于那种以妇女的平等地位为基础的论证。即使认为妇女的地位低于男性，不把她们当成员对待，也能得出这一论证。即使把"低等"成员当非成员对待，也是不正义的。

任的人，都是不正义的。❶

　　承认整体性能赋予地位，就允许我们解释，如果把人视为独立的整体，为什么他们的应得要符合他们的贡献。我们上文（第二章第一节）指出，我们作出的贡献通常受我们无法掌控的因素影响。但无疑有很多人确实认为，按贡献分配是正义的，他们并没有注意到一个反驳：贡献通常是运气好。一旦我们认为，按贡献分配是表达整体性的一种方式（通过考虑个人的命运），就会看到，为什么这一反驳未切中要点。按贡献分配的基本原理是按运气即个人运气分配。（这里，坚持按贡献分配，就是坚持人头税。如果把每个人当单独的整体对待，就根本无法反驳由个人运气造成的人头税的不平等。）因此，我们可以说，尽管我们既承认地位要求，也承认贡献无须影响地位，但人们的应得也应该与其贡献一致。应得的基础是整体性。因此，上文（第二章第一节）提到的一个反例，看似驳斥以贡献为基础的地位要求，真的只是看上去是反例。

　　因此，我们就可以解释，为什么不把基于贡献的应得与基于努力的应得混为一谈是重要的。我们愿意相信，付出努力的人应该得到回报（或至少不应该不得到回报），这依赖于一个假定：努力就是

---

❶　这个论证反对人头税，赞成按能力分配责任，一定要将它区别于另一个论证：强调向承担责任的能力不平等的人均摊责任，会导致不平等的结果，尤其关注纳税能力较弱的人以及对待他们的方式。正如我们看到的，可以把按能力分配责任视为按个人需要分配这一原则的一个相似物。要论证按能力分配责任，就要以这些责任对个人利益的不同影响为基础，如果这种结合是一种伙伴关系，就可以使用这一论证，而如果我们关注各个成员，就不能用。（这一反对人头税的论证，与支持需要原则一样，最终依赖于把所有人当整体对待。）至少我是这样论证的。

做出正确的行动。愿意努力就能提升地位。如果我们不相信这一点，而是相信努力是一种急躁行为，而正确的行为是比如耐心等待我们的欲望得到满足，那么，我们不会认为，人们的应得应该与（成功的）努力一致。如果应得与贡献一致的基础是整体性，那么，这种应得的根基就大不相同。（我们也能看到，为什么只有在努力的情况下，我们才应该说回报。当应得的基础是努力时，就可以恰当地说，得到回报是应该的。但是，假如成为一个整体不是我们之所以为人的原因，那么，我们作为整体而应得的对待，就不能是我们应得的回报。）

如果我们是同伴，既是成员也是整体，就可以解释，为什么按个人的需要分配是正义问题提出的要求。我们开篇（第一章第一节）就指出，无论如何也看不出这一准则与作为恰当性的正义之间的相容性，因为当我们不按人们的需要对待他们时，不一定是薄待他们。需要似乎不会充当应得的基础，因为需要不能影响地位（第二章第四节）。但是，按照我们对伙伴关系的解释以及按需分配在这一解释中的地位，我们可以指出，为什么这一准则（理解为 GNFC）至少是同伴之间的正义问题，按需分配为何没有不妥之处。按需分配是表达伙伴关系的两个方面——成员资格和整体性——的一种方式。因此，按需对待可以归结为按应得对待：我们按需要间接得到应得的东西，应得的基础是成员资格和整体性。因此，（在伙伴关系内）按需分配的准则与作为恰当性的正义是相容的。

最后，我想提出，把补偿放在成员资格、整体性和伙伴关系的情境中，就可以把补偿的准则带入作为恰当性的正义范围。我们上文（第二章第一节）指出，补偿提出的问题，有的针对我赞同的那种对应得的解释，有的针对恰当性的正义。我们通常认为，至少那些因别人的过错而吃亏的人应该得到补偿；但是，一般认为，一个人的地位并不会因其他人的过失而受影响。因另一个人的过失而吃亏，并不能充当应得的基础，由此提出应该得到补偿就违反了地位要求。

正如我们看到的（第二章第一节），有一种倾向认为，不是因过失而吃亏的人，不应该吃亏，应该得到补偿。但是，这是一个错误的推理。我们不应该吃亏，而不是应该不吃亏，也不应该把应有的补偿责任与惩罚或谴责混为一谈。即使在我们所做的事情有理由或借口，不宜谴责的情况下，也存在（或通常认为存在）补偿的责任。我带一个受伤的孩子去医院，如果超速驾驶，并在这一过程中发生事故，那么，我的行为或许不应受到谴责，但我补偿我伤害的那些人，并不是不正义的责任。补偿的正义与奖惩的正义是不一样的。

因此，一定要为补偿的准则找到一个基础。这个基础是通过分析补偿的应得和补偿的责任得到的，这与在间接应得中，应得的基础是成员资格或整体性或两者兼而有之的情况是一样的。这就可以表明，必需补偿的准则与地位要求以及作为恰当性的正义都是一致的。

如果我们是独立的成员，而成员资格授予地位，那么，如果不期待我们对另一位成员的弱点或失败做出补偿，进而把我们当非成员对待，我们受到的对待就是不正义的。我已经指出，当且仅当某人采取或不采取的行动要为另一个人受到的伤害负责——通常指过失赔偿系统——时，才可以把必需补偿的准则理解为一个旨在解决问题的系统，以便保留个人的命运，进而把个人当整体对待。如果我们是独立的整体，而整体性赋予地位，那么，正义就提出一个要求：补偿由且只能由那个采取或没有采取行动的人提供。我们恰恰是作为整体，才应该得到且有责任提供这样的补偿。❶ 如果坚持构成共同命运的补偿是伙伴关系的一种表达，就一定要证明，这种补偿至少与把赔偿者和被赔偿者当同伴对待是一致的，即既当成员又当整体对待。因此，我提出，无过失赔偿的一个可能的应得基础是伙伴关系。

因此，如果我们承认整体性和成员资格能影响地位，或有理由这么认为，就会把按贡献分配和按需分配等准则，纳入把正义视为一个恰当性概念提供的框架中。

接下来，我想考察第二种可能性：整体性而非成员资格是一个

---

❶ 可以认为，对过失的这种看法等同于另一个观点：不是因自己的过失而吃亏的人应该得到补偿，但只有那些有过失的人有补偿责任（每个人拒绝提供补偿，并不是不正义的）。由此可以推测，采纳这一观点需要区分两种情况：有按应得对待人的责任；没有这一责任。我倾向于认为，这种解决问题的方式没有任何可取之处。我们确实可以说，一个人应该得到表扬，而不需要指出任何人有做出这一表扬的责任——只有不把值得表扬的人当不值得表扬对待的责任。但是，这种情况与补偿不同。支持这种过失观点的人认为，这不仅对不给不是因有人犯错而吃亏的人提供补偿的每个人，而且对拒绝提供补偿的每个人，都不是不正义的。因此，支持这一过失观点的人相信的是，不因自己的过失而吃亏的人不应该得到补偿。必须承认，人们往往不愿这么说。大概是因为，我们是如此自然（尽管荒谬）地从"不应该"推出"应该不"；并且，当然，支持这一过失观点的人无须（通常也不会）认为，因某人的过失而吃亏的人应该不获得补偿。我建议，正是把"不应该"混同于"应该不"，导致人们既想说不是因自己的过失而吃亏的人应该得到补偿，又想说每个拒绝这一补偿的人并不是不正义的。但是，一旦我们看出从"不应该"得到"应该不"这一步是错误的，就没有理由像有时无须为不拒绝给出应得的东西负责那样讨论。

能影响地位的属性。如果我们采纳这一观点，那么，我们的非正义行为就是我们不把人们当整体对待（假定他们是整体），而（本质上）不是把他们当非成员对待（即使他们是成员）。我认为，按照这一观点，我们的非正义行为，就是在我们不把同伴当同伴对待时，不把他们当整体对待，而不只是不把他们当成员对待。

这一观点的后果是什么呢？如果只有整体性赋予地位，我们能在多大范围内把我们讨论过的准则与把正义构想为一个恰当性概念调和起来呢？放弃成员资格赋予地位这一假定，就会得出如下立场。如果真的认为我们是整体，那么，把我们仅仅当部分对待就是不正义的。因此，与单独作为一个成员对待相关的准则就是不正义的，因为遵循这些准则就不能把每个人当整体对待。如社会整体利益所示，如果个人是整体，而在分配收益和负担中，期待有人对他人的缺陷做出补偿时强行把个人只当成员或部分对待，就是不正义的。与作为单独的整体对待有关的准则是正义的（就整体性和成员资格而言），因为它们是把人当整体对待的方式，否认成员资格，并没有使它们变成非正义的。与伙伴关系相关的准则也是正义的（还是就整体性和成员资格而言），倘若这些准则确实把人当整体对待。它们也表达成员资格，但这一事实并不是在正义范围内选择伙伴关系准则，而不选择单独整体性准则的理由。因此，即使我们是同伴，如果按单独整体性准则对待我们，也不是不正义的。那么，可以把我们当他人对待（当我们是成员时，把我们当非成员），但不能薄待我们。

因此，我们还可以指出，把我们考察过的许多准则理解为正义的准则，是因为它们是表达每个人的整体性的方式。这样，即使我们否认成员资格能赋予地位，也可以将这些准则解释为，在正义作为一个恰当性概念设置的限制内按贡献和需要分配。我们看到，把个人当整体对待的一种方式是考虑个人的命运。但是，考虑个人的命运并不是把他当整体对待的必要条件，在把人们当成员对待的情境中，也有可能把他们当整体对待。大量分配准则的基本原理是，它们是表达每个人在不在成员资格的情境中都有整体性的一种方式。

如果最终表明，整体性这一赋予地位的属性，既是按贡献分配这一准则的基础，也是按需分配这一准则的基础，也不大出人意料。认为每个人都是一个整体，这是自由主义的基本信条，并没有不合理之处；按贡献分配与自由市场的自由主义联系在一起，而按需分配则与福利自由主义联系在一起。这两种分配都试图表达每个人都是一个整体这一信念。我们可以说，决定一个自由社会的正义分配的问题，就是如何表达每个人的整体性的问题。

或许出人意料的是，按照这个观点，尽管按需分配和按贡献分配的准则是正义的原则（表达整体性的方式），但有理由说，就正义而言，其中一个不会比另一个更恰当。假定二者都充分表达了每个人的整体性，表达单独的整体性与伙伴关系中的整体性的那些准则的竞争优势，都不是正义的议题；理由就是一句话：成员资格不能影响地位，或不能判定它能。判断这一问题，大概要通过确定我们是或可能是单独的整体，还是或可能是真正的同伴，并指出，不管哪一种情况，都应该这样对待我们。如果我们是同伴，把我们当单独的整体对待，或我们是单独的整体，把我们当同伴对待，就是把我们当其他人对待，而不是当地位更低者对待。很难看出，把人当（地位差不多的）其他人对待，这本身有什么错误。倘若错了，大概是因为这样对待导致的后果，比如缺少必需的身份认同。

因此，我的结论是，可以把很多准则理解为表达我们作为个人的整体性与我们是社会整体的成员资格的一种方式。即使我们拒不认为成员资格赋予地位，只要我们承认整体性赋予地位，仍可以证明，用间接应得也能解释按贡献分配与按需分配等准则。我建议，这些解释揭示并阐明了这些准则的基本原理，并表明它们与正义是一个恰当性概念这一断言是一致的，要避免非正义，只有一个要求：按应得对待。这些准则不是我解释的那种正义的反例。

第四章　承诺与请求

我在上文（第二章第四节）指出，作为恰当性的正义有两个重要的难点：承诺与某个一般规则或惯例赋予的资格。一般认为，这两者产生权益。本章和下一章，我会讨论这两个难点。本章讨论守诺或守约的约束力（obligation）❶的源头及其与正义的关系。下一章讨论规则赋予的资格提出的问题。

因此，本章大部分涉及守诺的约束力的一个或多个源头。我首先指出两种基于体制的解释。尽管我不想否认这两种解释在必须有体制的地方是承诺的约束力的源头，但我会认真考虑，即使在没有相关体制或惯例运作的地方，承诺和契约也会产生约束力。尝试解释这一约束力（进而解决承诺对作为恰当性的正义提出的问题）的一种方式，是再次诉诸间接的应得这一概念，证明所有（或大多数）人有某种能影响地位的属性，如果我们食言，就会把受诺者（promisee）当缺乏这一属性对待。我简要考察这一可能性，不是要断定存在这样的属性，而是以我们要避免贬低我们的受诺者这一要

---

❶ 为行文流畅，这里译为"约束力"，下文相关地方译为"约束"或"义务"。——校者注

求为基础，对守诺的约束力提出一种解释。这一论证的作用是，表明正义的这种解释与我们想坚持的观点——有理由按承诺的约束力做出行动——并不冲突，进而为作为恰当性的正义辩护。由于承诺行为的性质，这一理由就高于我们从规则或体制甚至任何功利考虑得出的任何理由。

承诺行为——至少在现代西方文化中——是产生约束力的最佳方式。因此，承诺受到哲学家的关注并不奇怪。但是，没有理由认为，承诺行为是能产生约束力的唯一方式；我会在本章后半部分论证，请求也能产生约束力，产生的方式与承诺一模一样。我还提出，这一论证能为政治的约束力问题提供一种解决，进而使我们能避免与传统的社会契约路径相关的问题。

第一节　守诺的约束力

对我解释的正义，承诺提出了一个问题：我们不守诺，就对我们的受诺者做出不正义的行为，但不是薄待他们，好像他们缺失了他们其实具有的任何一种能影响地位的属性。因此，说到不守诺，我们没有否认任何人应该得到的东西。当然，我们通常不会认为，我们向人们承诺，就会提升他们的地位。

我们暂不考虑纯粹的比较正义。如果我只对某些人守诺，就会有人说，我对我没有守信的人是不正义的；也会有人说，我对这些人没有对我相信的那些人重视。或许确实如此。但仍需解释，如果我对任何人都不守诺，有什么理由会让我做出相反的行为。这就是我想考察的问题。

一种解释是，守诺的约束力得自公平原则的约束力。❶ 在许下诺言时，我们利用有益的社会惯例，但在食言时，我们没有成为保持这一惯例的一员。我们的行为就像寄生虫。如果这一论证是合理的，那么，倘若可以合理地认为，违反公平原则是不正义的，食言就是不正义的。我在上文论证过（第一章第五节），违反公平原则的非正义依赖于一个条件——平等待人。因此，如果那一论证是合理的，那么，这样解释不守诺的非正义，就能得到作为恰当性的正义需要的模式。

我们还可以论证，不守诺只是制度的非正义。也就是说，我们可以论证，一条现有（且并非不正义）的规则规定要守诺，食言就是否认这一规则赋予人们的权益，因而是不正义的。因此，按照这一观点，不管我们对忽视权益的非正义做怎样的辩解（当然，假定这不会反过来依赖食言就是不正义这一断言），都会解释为什么不守诺是不正义的。如果我们坚持这一观点，就会认为本章的论证是多余的：下一章的论证足以应对包括得自诺言的权益在内的所有权益。

因此，针对体制为我们的守诺提供理由得出的论证，很多话可说。不过，有理由不完全依赖这些论证。第一，从公平得出的论证，从表面看，并没有解释为什么不守诺会亏待（wrong）受诺人。我们的行为之所以是不正义的，是因为我们不只是把自己当平等者对待；只要我们把其他所有人当作低于我们自己对待，就是亏待他们。

---

❶ 约翰·罗尔斯，《正义论》，牛津，1972，第344-350页。

但是，如果我们在解释食言的错误时使用的方式是指出我们未能共同坚持一个惯例，就没有解释为什么亏待受诺人的方式不是我们亏待承诺的第三方的方式。第二，这两种论证都依赖守诺惯例的存在，因而两者都不能解释为什么应该存在这种惯例。这就可以确定，信守诺言的传统具有社会价值，它的存在显然不难理解。但是，有一种倾向认为，信守诺言的传统并不只有社会价值。很多人倾向于认为，守信本身就是应该做的事情，这是继承这一传统的理由。因此，按照这一观点，我们有理由继承一个信守诺言的传统，即使从这一传统的存在只得出信守诺言的一个（或多个）理由时也是如此。

我想认真考虑，我们有理由遵守那些我们独立于存在的任何传统而做出的承诺。但如果确实如此，那么，借助公平原则或制度正义，也不能回避承诺对我解释的正义提出的问题。因此，最可靠的假定是，这些论证并没有解决这一问题。

因此，假定我们不诉诸任何制度和传统，该如何解释为什么我们应当信守我们做出的承诺呢？如果我们食言，为什么我们的行为是错误的呢？我们也暂不考虑我们经常挂在嘴边的信守诺言的功利主义理由。这些理由要视食言的后果而定，不一定总是适用。我们想知道，是否本身就有理由信守诺言，这个理由源于承诺行为自身的性质。

这就是信守诺言的非偶然的理由。一个人食言（至少没有恰当的理由），就使他本人不值得信任。因此，它会破坏一个人的信用，如果按我们绝大多数人的看法，信用是一种美德，食言会降低一个人自己的身份。因此，信守诺言的一个理由是避免自我降低：避免

使一个人自己变得比原来更差或更低。❶

但是，如果我们要论证，为避免沦为不值得信赖的人，我们应该守诺，就必须保证，诚信是一种美德这一事实并不依赖于信守诺言的正确性。不单独解释为什么诚信是一种美德，这一论证将陷入一个无意义的循环。但是，可以使用一个独立的论证。我们可以论证，诚信与可靠性（dependability）、可信任性（reliability）、诚实（faithfulness）和正直（integrity）等相关概念一样，有核心的意象——可靠性（solidity）这一概念，即有确定形状和一定密度的实体概念，不随时间改变。这些是比如石头或砖头拥有而云没有的性质。❷ 如果一个人乐于助人（supportive），我们能依附于他，那他就如"可靠的"（dependable，与"悬挂"和"钟摆"有关）一词的语源所示，是可靠的。一个可靠的人不会辜负他人；一个诚实的人，当别人依赖他时，不会崩溃瓦解。因此，这些不同的观念使用了坚固的物理对象这一隐喻。一种与之紧密相连的美德是恒定性（constancy）——不是反复无常、变化多端——因为只有一个人具有恒定性，才值得长期信任和依赖。因此，可靠性和

---

❶ 信用大概是一种倾向，如果确实如此，就需要表明，背叛行为如何增加而不仅仅是标识我们的不可信度。可以提出很多种可能的解释。我们可以论证，背叛行为破坏忠诚的习性，使未来更可能发生其他类似行为；或至少在这里，我们与别人感知到的我们之间的区分崩溃了；或否认我们的行为只是性格和倾向的表征，并指出行为至少是性格的组成部分。我们可以说，我们的性格和倾向不是一蹴而就的，它们是我们自由意志的一部分：背叛的倾向并未排除选择不背叛的可能。因此，我们总是不断通过我们的行为塑造我们的性格。

❷ 因此，"砖头"（brick）一词可以指代一个可信赖的人，而基督说彼得是建造教堂的一块石头。（《马太福音》，16：18）

连续性容易联系在一起。

　　识别起作用的核心隐喻，有助于解释为什么诚信是一种美德。诚然，在时间的流逝中坚固而稳定的东西有助于实现很多不同的目的。但诚信或许不仅有用，还是一种美德，至少部分是因为它对一个不大可疑的身份和实在性做出了贡献：坚固而充实的东西，看上去更真实。❶我们环顾四周，这些对象阻碍我们，产生阻力。较可疑的是那些缥缈的、朦胧的、不充实的、容易瓦解的东西的实在性。另外，如果一种东西有一部分是坚固的，在一个确定的边界内自成一体，就很难将这一部分看作一个分离的单独实体。恒定性这一美德也可以用同一性和实在性来理解。在时间的流逝中保持不变的东西——或似乎——更有权要求被当作一个实体看待。如果一个人的诺言、信仰、忠诚一直在变，就可以将他比作一串蜉蝣；这个人不是变化世界中的一个可靠点，不是一个实体的人。当然，一般认为，实在性的程度是影响地位的。❷否则，就不会有关于上帝存在的本体论证明。

　　因此，有理由承认，诚信及相关观念是美德，这一断言无须依

---

❶　参见："苏格拉底、佛陀、摩西、甘地、耶稣——这些人物通过他们更强大的现实性抓住了我们的想象力和注意力。他们更生动，集中而专注地刻画一种完整的内在美。与我们相比，他们更真实。"（罗伯特·诺奇克，《省察的人生》，纽约，1989，第131页）

❷　参见："更真实的东西还是要好一些。"（同上书，第139页）劳伦斯用我们接受的这一点，把资产阶级比作蘑菇：他指出资产阶级的"表象"，不仅表明他们的虚伪，也表明他们流变的非实体性特征；劳伦斯质疑资产阶级的现实性，由此表示对他们的蔑视（D.H. 劳伦斯，"资产阶级有多讨厌"，《诗选》，哈芒斯沃斯，1950，第137-138页）。

赖守诺的正确性。不过，有充分的理由不依赖从自甘堕落得出的论证：这一论证与从公平得出的论证一样，看不出它能解释为什么我们食言会亏待我们的受诺人。因此，尽管避免自甘堕落提供了一个守诺的理由，但它并未解释，承诺作为承诺，为什么会有约束力；其实，我们自己发誓时容易以此作为行动的理由。

食言为什么会亏待受诺人，我们如何解释？上文指出（第一章第二节），行动的理由有两种，相应的，我们亏待受诺人的方式也至少有两种：一种是不恰当的对待，即薄待人；一种是降低对待——使人们受到的对待比原来更低。因此，如果我们要解释违背承诺就是不恰当地对待或贬低受诺者，或兼而有之，就要先解释为什么食言会亏待受诺者。

首先考察，我们食言对受诺者是否不恰当，是否薄待他们。上文我们指出，得到承诺并不会提高某人的地位：我们并没有因为得到承诺就变得更值得尊重。不过，仍有可能基于间接应得这一概念做出论证：也许人们有某种能影响地位的属性，因而食言就是把他们看作缺乏这一属性对待。

我们能说食言者把受诺者当作无关紧要、没有自身利益的人对待吗？这种解释于事无补。我们或许赞同，食言者通常确实认为受诺者无关紧要只是一种偶然情况，是另一个事实的结果：人们对食言的理由，通常的解释是为自己的利益让路。随时准备按自身利益行动的人，对他人确实不够重视。

但是，这（至多）不过是解释，为什么我们一定要对他人利益给予应有的关注，对与他人有关的行动理由给予应有的重视。它并没有解释，为什么我们做出承诺，就产生一个不承诺就不会产生的行动理由，而我们食言就是对这一理由没有给予应有的重视。如果我们食言不是出于自身利益，而是出于对受诺者利益的关切，就会看到这一点。假定我认为我守诺就会违背受诺者的利益，但受诺者并不赞同这一估计，不愿意解除诺言。为避免家长制产生的相关问题，我们可以假定，受诺者是一个孩子，那么任何家长制都是恰当的。

这样，要判断我是否守诺，就会面临真正的困境，可以合理地说，我应该采取的行动方式就依赖于我守诺在多大程度上与受诺者的利益相矛盾。也就是说，两种行动理由之间存在冲突。但是，如果守诺的理由只是避免将受诺者当作一个无关紧要的人对待，那么，这一理由在这种情境中就消失了；因为不可能有人提出，我不守诺，就是把受诺者当无关紧要的人对待。因此，如果这就是守诺的理由，就没有困境；如果承认这里有一个真正的困境，就一定要拒绝这样解释守诺的理由。

因此，我的结论是，守诺的理由不单是确保我们避免把人们当无关紧要的人对待。这一解释与承诺的性质必定有更紧密的关联。❶更密切关注承诺性质的论证，会用到我们区分的有能力的受诺者与无能力的受诺者。尽管一个人的地位不会因受诺而得到提高，但可以合理地认为，有能力的受诺者比无能力的受诺者有更高的地位。做出承诺就是请求信赖或信任，但只能信赖或信任某些存在物。例如，

---

❶　对这一解释无疑还有其他反驳。例如，这一解释并没有澄清它依赖的一个基础：为什么我们按承诺行动的理由大于按意图行动的理由。

不能相信机器。如果信赖的能力需要理性和自由意志，就可以合理地认为，这一信赖的能力与地位的提高有关。但是，我们不需要深究这一问题，因为下述假定是不合理的：我们不守诺，就是把受诺者当作不能受诺的人。根据假定，承诺者已经做出承诺，因而是把受诺者当作能受诺的人。这足以否决食言是将受诺者当作不能受诺的人的任何可能性。

我不会论证借助间接的应得就能解释守诺的约束力。我不是说，不能实现这一还原，尽管我看不出如何实现。当然，尝试任何还原都要认真考虑一个事实——恰如"约束力"一词所示——承诺者与受诺者绑在一起时不存在其他人：诺言本身对承诺者产生行动理由，对其他人不会。接下来，我对约束力提出的一种解释，确实尝试认真考虑这一限制。但是，它不是要论证我们因食言而不恰当地对待受诺者，而是要论证食言就是贬低。

假定我承诺在一个特定的日期前为我的学生的论文打分，后来我没有做到。假定我的学生基于我的承诺，相信我会在给定的日期给他的论文打完分。因为我食言，使我的学生的信念变成错误的信念。我因此贬低了我的学生吗？似乎没有。许多合理的信念最终都是错误的，我们可以证明，坚持一个合理但错误的信念，并没有过错。然而，尽管坚持错误的信念或许不算过失，但广泛认可的看法是，轻易接受信念就是过失，比如我们的信念并没有得到现有证据的保证。我们的信念如果超出证据，就是一种愚蠢：当我们错误地认为我们的知大于行时，就是这种过失的表现。智慧要求我们承认自己的无知，并对信念做出相应的调整。

因此，诺言引导受诺者以承诺者的话为基础，形成一个信念。受此引导的受诺者相信，承诺者将按照诺言行动——起码要满足某些条件，至少会相信，承诺者会把做出承诺这一事实，当作按诺言行动的一个重要理由。但是，不能只把承诺者的话当作遵循诺言而行动的证据。诺言引发信任，信任超越这一证据。只把诺言当证据，就不是信任。

如果承诺者此前已得到信任，为什么还要认为诺言不仅仅是证据呢？还是以我承诺要给学生的论文打分的情况为例。他们应该怎样让我的诺言影响他们的信念呢？一种方式不外乎把我的承诺当作证据。这样，如果学生把我的许诺当作证据，他们就要确定，这条证据有多确凿。他们可以合理地尝试，确定像我这样的人守诺的频率是多少。他们可以查询性格、年龄、阅历、层次、教养和心理等与我相似的讲师遵守这类诺言的概率如何？假定经过这番探究后，考虑到他们还能掌握的其他信息，他们得出的最好估计是23%。他们相信我守诺的概率是23%，这是合理的。相信更高的概率，就超出了证据。

因此，以这一方式看待我的许诺，采用适合这一证据的相信度，不会涉及任何信任。（信任也不能简单累加：当我们信任时，并不是我们做调查后再增加点信任，比如增加10%。）信任或拥有信念，就是将承诺视为保证，而不只是作为一个未来可能行为的证据。在我们信任的范围内，我们坚决相信，毫不犹豫。在我们怀疑的范围内，我们不信任。但是，如果我们的相信度得到证明或有充分证据，我们就知道自己在做什么，这时，我们的信念就不是在表达我们的信任。

因此，我们在相信时，尽管有困惑，也一定不会出现面对不确定性的那种质疑。

重要的是，不要把真正的信任误认为欺骗。我们在不确定时表现得像确定一样，有时是合理的。为达到某些目的，它有助于我们在不相信的情况下按相信的去做。如果我表现得像相信我的同事，就有助于打交道。当我们不信任时，却像信任那样去行动，或许是合理的。但是，不能把这样的行为与真正的信任混淆：当我们并不拥有信任必需的坚定信念时，是假装相信。其实，这一过程可以发生在一个更深的层面：不仅当我们不相信时却按相信去行动，而且尽我们的能力去获得信任必需的坚定信念，都是合理的。如果我能获得这一信念，就可以避免或至少降低我在无意中暴露我有质疑的风险。

但是，伪造的信任是贬值的货币，这类信任——如果确实能恰当地称之为信任——要发挥作用，有诸多限制。伪造的信任有助于我们在博弈中获得最优结果。但是，伪造的信任之所以是信任，是由于信任这一行为本身以外的理由。它愿意相信值得信任与不值得信任的人，因而不可能表达一个人是值得信任的人这一信念。（我们不会考虑一个诱使别人相信的人给予的信任。）我们看到，尽管信任就是不需要证据我们也采纳这些信念，但是，信任行为要在确实可信的人际关系中发挥核心作用，就一定要出自一个自由而理性的主体。伪造信任就是破坏一个人的信任确实可信必需的认知理性。

尽管信任总要超出证据，但选择信还是不信，却以证据为基础。

信任或多或少是有根据的、合理的。当我们有证据时，过去的行为基础往往能合理地支撑一个信念：一个人是值得信任的。当信任不以这样的证据为基础时，就是盲目的；面对已知的相反证据，它多半是有勇无谋。没有值得信任的证据就愿意相信的人，更容易上当受骗。

因此，信任就是让自己冒险——被欺骗、被愚弄。信任有这种风险，这是它的本性的一部分。如果信任是必需的，从可用的证据看，也不是不合理的，那么，如果一个人的信任遭到辜负，他会难以接受别人指责他易受骗。不过，一个人还是会被骗。只有证明他不是真的相信，即否认他是真信，才能驳斥关于他受骗的指责。尽管被骗附带的耻辱小于有受骗倾向附带的耻辱，但至少对许多人而言仍是存在的。❶ 我认为，它存在是因为信任和（认知的）合理性与合理性授予的地位之间的相容性是有问题的。否认可能有道德运气的人，也会否认这一耻辱应该附加给那些被骗的人，而不是因此表现出有受骗倾向的人。因为我们最终是否受骗、被愚弄，取决于我们接受的那些承诺者的行为。一旦我们付出我们的信任，就听命他们的摆布。因此，否认道德运气的可能性的那些人，也会否认可以用我们是否受骗来评价或评估我们。但至少可以说，绝不能清楚地看出道德运气不存在，因而不能清楚地看出，不管我们的信任多么合理，当别人辜负我们时，如果我们觉得屈辱，就是错误的想法。因此，

---

❶ 正如特洛勒普（Trollope）所言："受骗总是不光彩的。"（安东尼·特洛勒普，《巴塞特寺院》，第一卷，第15章）

避免屈辱的唯一途径就是拒不信任。但是，我们就会看到，这一策略本身也有（道德）风险。

因此就要论证，我们守诺的理由是，食言会愚弄我们的受诺者。这一论证的前提是，智慧是一种美德，受愚弄就是被羞辱。我假定这些断言是理所当然的。但仍要解释，为什么承诺者要为受诺者受到愚弄负责。毕竟是受诺者决定信还是不信。因此，为什么应该把受诺者的屈辱归咎于承诺者？

承诺者通过承诺，引导受诺者持有错误的信念，因而要为此承担责任吗？我们可以说，承诺者引导受诺者持有这一信念，因为如果承诺者没有承诺，错误的信念就不会被持有。但是，一个人引导另一个人持有信念的途径有很多种，这些途径不一定都能解除错误信念的持有者对这一信念的责任。我们引导其他人持有信念，包括与我们的未来行为有关的信念，不仅可以通过承诺，还可以通过预测和表明意图。那么，为什么你对我做出承诺，就要对我的错误信念负责，而你仅仅是预测你要干什么或告诉我你想干什么，就至少不用对我的错误信念负同等程度的责任呢？

把承诺与表明意图相对照，我们就可以解释，为什么受诺者受辱是承诺者的责任，为什么受诺者是被他人而不是被自己愚弄。重要的是区分承诺与表明意图。鉴于我们承诺时说的话往往模糊不清，就不能总是清楚地分辨看出是做出承诺还是仅仅表明意图。但清楚的是，承诺不只是表明意图：我能非常完美地表达我的意图——在特定的日期给论文打分，但绝不承诺。或者，要求学生贷款申请人声明他们有意长期在一个国家居住，但不是要求他们这样做。

从表明意图推断与未来行为有关的信念，分两个步骤。第一步，必须确定是否相信这一陈述为真，即一个人是否真有他声明的意图。第二步，如果这个人真有这一意图，就必须确定，他未来的行为是否符合当前的意图。信任在这个过程的第一阶段起重要作用。基于你的陈述，如果我坚信你有你表明的意图，我就相信你的话。如果你恰好谎报意图，就是欺骗我。但是，如果你诚实表达意图，即使改变了主意或不能按意图行动，也不是欺骗我。基于你表达的意图，如果我坚信你会按意图行动，那么，如果你没有这样行动，就证明我的信念是错误的。尽管我已表露自己的愚蠢，也没有被愚弄。

为什么是你的承诺，而不是你仅仅（诚实）表明的意图，要为我的无保证的错误信念负责？我提出的解释是：如果你对我做出承诺，我就必须决定要不要相信你。如果我相信你，就可能落得被骗的下场。但是，如果我不相信你，就冒着对你有不正义行为的风险。如果你值得信任，而我觉得你不大值得信任，就是不正义的：我薄待你。因此，受诺者面临一个困境。但是，如果你只是表明意图，我就不会面临这样的困境。如果我不确信你会按你说的意图行动，即使你确实这样做了，我也没有对你做出不正义的行为。（至少在一个人改变想法不是道德败坏这一前提下是对的。我相信你会改变主意，即使我信错了，也不会是不正义的，正如相信你的头发是红色的，即使我信错了，也不是不正义的。）

因此，（由受诺者而不是承诺者引起的）这种不正义的风险才是至关重要的。当受诺者给出信任而承诺者未守诺时，正是这一风险使受诺者不用承担被愚弄的责任。要避免可能做出的不正义行为，受诺者在道德上必须坚信承诺会兑现。❶ 由于这一必然性，错误信念的责任就转给承诺者。应该是承诺者承担责任，我们可以直接说，承诺者愚弄了受诺者。但是，如果只表明意图，就是相信的人为任何无担保的错误信念负责，因为没有人要求相信的人持有一个无担保的信念，否则就是不正义的行为。（当然，要假定表达的意图是诚实的。如果你欺骗了我，就要对我的错误信念负责：我不得不相信你的陈述是诚实的，否则，当你没有不诚实，而我认为你不诚实时，对你就是不正义的。）

这一解释还需要附加其他限制吗？我想提两个。第一，我们只有在相信时才会被骗。因此，为避免欺骗受诺者，守诺的约束力只适用于受诺者已然相信进而信赖诺言的地方。因此，我们可以说，只要认为约束力是按我描述的方式产生的，守诺的约束力就是这种信赖产生的。但是，如果我们要说信赖必然会产生约束力，就要弄清楚什么算信赖。

假定我做出一个承诺，而我的受诺者确信我不会守诺，她对事情的安排是防止我食言时她的利益严重受损。（或许她对成功指责我会违诺充满信心，想在我如预料中背叛时给我一个教训。）在这种情况下，尽管我的受诺者参照我的诺言做出的行为，导致她的（某些）利益遭受损失，或许她后来会说由于信赖这个诺言而受损，但她并没有按照我提出的论点所要求的意义去信赖诺言。当我食言时，她没有受到愚

---

❶ 参见："亚里士多德其实稍微考察过'必然性'的一种含义：'没有它，就不能获得某种善或避免某种恶'。"（G.E.M. 安斯康姆，《安斯康姆文集》，第三卷，《伦理、宗教与政治》，牛津，1981，第100页）也可参见第18–19页。

弄。（其实，只有我违诺，才能阻止我的受诺者愚弄她自己。）

因此，信任对必需的信赖而言是必要的。但信任也是充分的。将受诺者的利益置于危险之中，则是不必要的。我们不能仅仅因为我们的行为不损害某人的利益就能避免不公正地对待他们。当然，物质依赖通常是一种相对明确的信任表达，不愿意将自己的利益置于与承诺有关的风险之中，就意味着缺乏信任。不过，信任本身将受诺者置于风险之中。一次侥幸逃脱，加上从经验获得的知识，更容易减少信任。但是，如果我们确实已付出信任，就会因背叛而受辱。

必需附加的第二个限制，取决于我们如何看待可靠与可能的过失之间的关系。有人认为，完全可靠是一种美德；没有人会因为太可靠而受到谴责。还有人认为，可靠的美德是两种过失的折中（mean）：一种过失是不值得信任，另一种是刻板、僵化。如果我们认同这一观点，就有可能谴责某人太诚信、太可靠。

这样，如果可靠是一种折中，承诺至少原则上有可能并不总是以我描述的方式产生约束力。按照我给出的论证，我有理由守诺，否则我就欺骗了我的受诺者。但是，只有在我要为她（没有担保）的错误信念负责时，才是欺骗她。我之所以要负责，只是因为她必须坚信我会按诺言行动，否则就是对我做出不正义的行为。但是，这种不正义只会出现在必需的可靠达到美德的程度时。如果没有达到，尤其如果可靠是一种过失，这一论证就能澄清它。

例如，假定我从你的办公室拿了一本书，留下一张便条，写着我承诺下周把书还回来。随后，我发现你下周去了一个岛，这个岛如此之远，以至于我将书还给你的唯一方式是租一架飞机，飞到这个小岛上空用降落伞投下去，所有这一切花费太多。因此，我们会论证，我做出的承诺——不管你在哪里，我都会把书还给你——忽视了隐含的背景假设，所以，我们否认任何约束力的存在。但是，为了这样论证，让我们假定，我的行为确实构成在那个岛上把书还给你的承诺。这就得出，我有责任特意花那么多钱去还书，否则就会有欺骗你的风险吗？如果可靠是一种折中，或许就不会有这种风险。

假定我确实租飞机把书还给你。这种行为是展示诚信的范例，因而值得钦佩，还是吹毛求疵？如果必需的诚信尚未达到美德的程度，就可以得出，不需要你相信我会把书空降给你，否则对我就是不正义的。（如果你因此相信我不会还书，但我还了，那么，你关于我的信念是错误的，而不是不正义的。）如果不需要你相信我会还书，你还相信我会还，而我没还，那么，我不会对你的错误信念负责。因此，我的责任是不骗你，由此产生的诺言对我没有约束力。因此，如果我们认为，一个人吹毛求疵、刻板僵化，因而太可靠，就一定要承认，只有这类人才会遵守的诺言，不会以我说的方式产生约束力。

我的结论是，至少在接受诺言，而且诺言不会让守诺表明一定程度的诚信不再是一种美德的地方，承诺者有理由守诺，这源于不受辱的责任（尤其是不骗人的责任）。我强调，这一论证旨在表明，守诺的约束力是如何产生的。我不是主张这种约束力不能用其他方式来解释。（因此，我更没有理由主张，我们对不诚信的受诺者没有守诺的责任。）而是主张，既然我们有理由这样行动，就有责任守诺。这样解释还能说明为什么这种情况这么适合讨论约束力：各方的道德命运是绑在一起的。

然而，这一论证没有表明，食言的承诺者对受诺者是不正义的。我不是要论证，要避免把我们的受诺者当傻子对待（当他们不是傻子的时候），就一定要守诺；而是要表明，要避免愚弄我们的受诺者，就一定不能食言。反对背信，不是说它是不正义的，而是说它有辱一个人的身份。那么，论证正义是恰当性，有哪些含义呢？

我给出的论证的功能是，至少在一定程度上减轻对我解释的那种正义的怀疑。这一怀疑是以下述方式出现的。假定我们相信，承诺产生约束力，不仅是因为应该守诺是一种惯例，而且是因为我们相信守诺有独立于这一惯例的理由。因此，如果我们这么认为，就要知道这个理由——不管它是什么——是否与正义是一个恰当性概念这一观点相容。我已经指出，从承诺的性质确实可以得出行动的理由，但不能因此说相反的行动是不正义的。当然，我没有表明，从承诺的性质，不会得出其他理由，使相反的行动是不正义的。就承诺的性质而言，不易看出一个人如何表明这样的理由不存在。❶

---

❶ 芬博格否认这一理由："并不是所有错误的违诺情况都是不正义的（与霍布斯一致）。"（乔伊·芬博格，《权利，正义与自由的界限》，普林斯顿，1980，第269页）只要行动的理由不以制度为基础，断定违诺是错误的而不是不正义的，就显得奇怪。当然，很多论者断定，不守诺是不正义的。如芬博格指出的，也包括霍布斯，他甚至提出，只有违诺是不正义的："不正义的定义就是不履行信约。任何不是不正义的事物，就是正义的。"（托马斯·霍布斯，《利维坦》，第15章）按照密尔的说法，"根据普遍的或者广为认可的观点……在归入不正义这一类的……多种行为模式中"，有一种包括"对任何人失信"（J.S.密尔，《功利主义》，第五章，载玛丽·沃诺克，编，《功利主义》，伦敦，1962，第298-299页）。但是，只要正常使用的英语能提供指导，这一点就非常可疑。尽管人们赞同，至少在其他条件相同的情况下，当一个人做出保证时，食言就是错误的，但奇怪的是，几乎不会谴责不守诺的人是不正义的。

但是，相信这些承诺本身就有（独立于惯例的）约束力，导致我们对这一理由产生怀疑，就此而言，我给出的论证打消了这一怀疑——通过指出我们对承诺的约束力的解释方式，而这种方式的基础是避免受辱而不是不正义。

第二节　满足一个需求的约束力

我在上文指出，诺言大概是我们产生约束力的争议最少的方式。但这不是说，它们是唯一的方式，接下来我想论证，需求也能产生约束力。当然，很多人认为，需求产生的约束力，可以不用服从。[1]不过，这不是普遍的看法。[2]

---

[1]　参见："我惬意地开车去伦敦，你感觉到了什么，并（好心）告诉我，我应该停下来，搭载路边的一个看起来无攻击性的人，他满怀期待地站着，适时地竖起拇指；我认同这一点；但我认为，我不会赞同我有义务这样做，或受这一义务的支配……我是私家车的司机，不一定要搭载任何恳求这一服务的每一个人甚至任何人。"（杰弗雷·沃诺克，《道德的对象》，伦敦，1971，第94页）

[2]　参见："约束力……一般由此前的承诺行为产生……承诺行为随社会而变化。对我们而言，最熟悉的承诺行为一般是许诺或保证……至少在我们的社会中，描绘得不大清晰的约束力，（包括）……把钱给一个正在乞讨的乞丐。这种……情况表明，通过他人而非一个人自己的行为，能对这个人产生约束力——约束力这个概念，我们使用得相当少。我相信，在某些社会中，陌生人敲门会立刻产生一种约束力——热情接待，如果有必要的话，还要留宿。"（E.J. 莱蒙，《道德困境》，《哲学评论》，71，1962，第141页）

莱蒙提出："承诺行为随社会而变化"，这表明，约束力依赖先前的制度结构。或许确实如此，我不想否认基于制度的约束力的可能性。当然，没有相关制度，就没有基于制度的约束力；如果在"我们的社会中"，不存在请求就能产生约束力这个一般传统，依从请求的约束力就不是以制度为基础。如果存在必需的制度，就会有约束力，但这一事实不意味着，没有这一制度，就没有约束力。仍可能有先于制度的约束力。我就是要论证，这种依从请求的、先于制度的约束力是存在的。

我假定，有约束力就是有行动的理由，而且这一理由出自先前的承诺行为——通常但不一定是受约束力的那个人的行为。（正是这种先前存在的至少部分承诺行为，才使我们能区分约束力与责任。）我认为，约束力的部分性质是由受约束的那个人的自愿行为产生的，是一种错误的看法。否则，我们讨论的就是准约束力（quasi-obligation），它们与正常的约束力的差别在于，其他人可以施加准约束力。但是，这样更不容易界定我们使用的"约束力"。而且，尽管通常认为约束力有特定的强制性，其背后的行动理由特别强烈，但我不会认为，这就是约束力的标志。换言之，我认为，约束力的独特之处在于它是一种行动的理由，这种行动的标志是约束力，而不是这一理由的强度。

我对请求产生约束力的论证形式是对比：我论证，有理由按某些请求做出行动（这一理由恰恰是这一请求行为产生的），就像有理由按承诺做出行动一样。因此，如果一种情况适合讨论约束力，另一种情况也适合。

但是，我们首先要解释请求是什么。请求就是一类特殊的言语行为。❶ 请求不是报告或陈述，而是与承诺一样，既不是真也不是假。但是，正如承诺与表明一个意图紧密相关一样，请求与表达一个愿望密切相关。（我们的诺言只有在我们打算遵守时才是真诚的；我们的请求只有在我们希望实现时才是真诚的。）确实，我们通常也

---

❶ 我对请求的解释与约翰·R.塞尔的解释密切相关，参见《言语行为》，伦敦，1969，特别是第 64-71 页。

用表达意图的措辞来做出承诺，同样，我们通常也用纯粹表达愿望的词句来做出请求。但是，正如我们表达意图时不需要做出承诺一样，我们在表达愿望时也不需要做出请求。请求就是在表达愿望上再加点东西。

增加的这个东西是什么呢？请求的正常且严肃的用法是，尝试让被请求者按一种特殊的方式行动。❶ 并非任何一个这样的尝试都是请求。可以把请求与尝试影响他人行为的其他方式，如命令与施令，建议与劝告，威胁与帮助，作对比。请求就是尝试影响另一个人的行为，但不是通过强制，而是诉诸被请求者的理由。

这种诉诸要被请求者关注的行动理由，是提出请求之前已经存在的，还是尚未存在而要提供的？我们应该拒绝认为，请求不过是关注被请求者已有的行动理由。这不会道破请求与纯粹表达我们的愿望有什么不同。当然，我们通常确实有独立于请求的理由，做别人请求我们做的事情。按真诚的请求去行动，就是按请求者的愿望去行动，我们通常期待这样的行为能增加请求者的幸福或福利。在我们力所能及的地方，我们有理由增加幸福，如果这是合理的，那么，我们往往有理由按他人的愿望去行动。当然，请求会让我们关注这一理由，如果我们想知道该如何行动，请求会提供我们需要的信息。但是，不一定要通过做出请求，来吸引注意力或给出信息。只要表达存在的愿望，就足以达到这一目的。如果我们相信，请求不过是

---

❶ 塞尔将这称为"必要条件"（《言语行为》，伦敦，1969，第 66 页）。这里，"正常而严肃"排除了诸如开玩笑、演戏、教一门语言等用法。参见上书第 57 页。

指代已有的理由，就看不出请求与纯粹表达一个愿望的差别。（也不能用请求的目的否认不按愿望去行动的理由。当然，请求的含义不是把遵命指责为侵犯，而是超越这一点：做出一个请求不仅仅是邀请或允许。）我的结论是，请求是影响他人行为的尝试，做出这一尝试的方式是，提供被请求者没有受到请求时就不存在的行动理由。一定要认为，请求的本质就是产生行动的理由。

我们可以顺便指出，如果这一论证是成功的，就能解释向一个全知全能的存在者祈祷的目的。或许有人认为，如果上帝已经知道我们的愿望，祈祷就没有客观目的。（当然，允许祈祷有主观目的。）如果我的论证是合理的，下述观点就是错误的：我们的祈祷甚至能为一个全知全能的上帝提供我们不祈祷时就没有的行动理由。

我们看到，请求就是尝试让某个人按我们的愿望去行动。但是，请求没有提供任何东西，如果忽视它，也没有什么东西受到威胁。当我们做出请求时，也不是主张我们有权决定被请求者的行为。然而，除去所有这些以外，我们会认为，请求是一种影响行为的尝试。请求就是尝试影响另一个人的行为，其方式不过是在提出那些愿望时，构造一种能影响行为的尝试。但是，如果这就是请求，就可以得出，请求某人，就是把被请求者当作一个人，我们的愿望本身就能为他提供行动的理由；请求就是把被请求者当作一个不是冷漠无情、微不足道毫无爱心的人。

有时可以看出，我们认为自己是完整而封闭的体系，即认为任何个体的愿望都与其行为有单独而彻底的关联。按照这一观点，我们的行为只有以我们自己的愿望为基础，才是合理的，这种行为方式最有可能满足这些愿望。但是，这一观点与将请求作为请求来回应的观点是不相容的。如果我们真的完全按这种方式看待自己，就丧失了请求的目的。（其实，如果我们采纳这一观点，就看不出请求不过是相当急躁地表达一个期望。）毕竟，按照这一解释，你的愿望本身确实不能为我提供行动的理由。因此，你怎么能认为只要把你的愿望告诉我，你就是在尝试让我去行动呢？认为我们的请求是影响他人行为的尝试，就是认为我们的愿望可以算作他人行动的理由。

但我们还是要解释，请求如何产生行动的理由。接下来，我想论证，请求产生行动理由的一种方式，与我上文描述的诺言产生理由的方式类似。承诺者有理由守诺，因为违诺会愚弄受诺者，同样，我想论证，被请求者有理由按请求行动，因为不这么做，就会愚弄请求者。当然，这不足以使请求者遭愚弄，也就是说只是产生一个无担保的错误信念。这一论证要能立足，我们一定要表明，如果被请求者不认为为自己请求提供了行动的理由，他就要为请求者的错误信念负责。

设想一个人正考虑做出一个请求。他面临的困境与受诺者类似：要避免做出非正义行为的风险，潜在的请求者（the would-be requestor）就不得不相信，如果请求被做出，被请求者就会认为为他提供一个行动的理由。这里可能出现的非正义是，把潜在的被请求者当作冷漠无情的人，但他不是这样的人。要避免非正义的风险，潜在的请求者一定要相信，被请求者会认为请求为他提供了一个行动的理由。但是，这一行动过程带来与受诺者遇到的相同风险——

受愚弄。考察乞丐与路人之间的关系，可以证明这一点。如果路人不认为乞丐的请求产生了自己施舍的理由，而乞丐却这么认为，那么，路人就是愚弄乞丐——证明乞丐（没有保证）的信念是错误的。路人要对乞丐的错误信念负责，因为乞丐要避免对路人做出非正义行为的风险，即把并非冷漠无情的路人当冷漠无情对待，就一定会觉得，路人会把请求的存在视为一个行动的理由。

注意，尽管请求者要避免做出非正义行为的风险就一定要相信这一点，但在一个人只是表达愿望的情况下却并非如此。表达愿望不需要尝试影响他人的行为，并不意味着接受表达的那个人不是冷漠无情。

这里恰好可以谈论请求者的信任：证据不能完全保证请求者的坚定信念。我们的被请求者会认为，我们的请求提供了一个行动的理由——这一信念与一个自由主体的回应有关。他是否认为我们的请求提供了一个行动的理由，这总是一个开放性的问题。但不能简单地说，我们这里探讨的是自由而理性的主体的行为。我们相信一个人不会违诺，通常是相信承诺者不会屈服于自身利益的诱惑而行动，相信他们会守诺。同样，我们请求并相信一个人会把我们的请求当作一个行动的理由，通常是相信这个人不会屈服于自身利益的诱惑。我们就是要拒绝这种脆弱性，当我们真正拒绝时，符合我们自身利益的行为就会产生一个信念：抵制自身利益的诱惑是一种信任。

这个论证的假定是，认为他人的愿望是行动的理由这一倾向是一种美德，有这种同情心或爱心倾向的人比没有这一倾向的人优秀。

我不会论证这一断言。当然，如果几乎没人认为这一倾向是一种美德，关注这一论证的人就寥寥无几。但其实并非如此。这个假定是，认为他人的愿望是行动的理由这一倾向是一种美德，但我们无须假定，过于关注他人的愿望是一种美德。其实，一个人太容易按别人的愿望而行动，就可以说他是奴性的、奉承的、谄媚的——这些倾向都不是美德。美德是把别人的愿望当作行动的理由，是体贴和热心，这可以视为两种过失的折中：一种是冷漠无情、漠不关心，另一种是过于体贴，进而卑躬屈膝。

但有一个明显的反对意见。我们可以说，诺言是承诺者发起的：承诺者选择承诺，进而让受诺者陷入困境。因此，可以合理地说，承诺者应该解决他为受诺者制造的这一困境。但是，尽管请求是由请求者发起的，但仍可以反驳：按照我的论证，正是被请求者受到约束。但是，如果是请求者通过请求而制造困境，为什么解决困境的责任要被请求者承担呢？请求者要避免被愚弄，当初完全可以不作请求，为什么要被请求者为请求者受到的愚弄负责呢？

当然，如果请求者不作请求，被请求者确实不会面临任何困境。但是，假定请求者（在道德上）可以自由地决定是否做出请求，却是错误的，因为不做请求，就有道德风险。因此，把请求者塑造成始作俑者，至少在任何道德意义上都是错误的。一个人考虑做出请求，却决定不请求，是因为他相信他的请求一文不值，倘若预期的被请求者会把这一请求当作一个行动的理由，他就不可避免地做出了非正义的行为。这样的行动或不行动，薄待了潜在的被请求者。

因此，潜在的请求者必须相信他们的请求将被认为产生了一个行动的理由，进而产生行动。但是，如果确实如此，潜在的请求者单凭不作请求，就不可能摆脱困境（要么有非正义的风险，要么受愚弄）。当然，被请求者并不会为请求者的困境负责——请求者的困境并不是被请求者的行为导致的。不过，潜在请求者的境遇是，他只有做出请求，才能回避非正义行为的风险。我们可以认为，这一境遇不是他自身导致的。这里的问题不是被请求者对请求者的错误信念，是否与承诺者对被承诺者的错误信念有相同的强制责任，而是这种情况是否应该对被请求者负责。我认为是。

但是，认为一个人只通过请求就能直接给我们带来约束力，这个观点难以接受。试想有人请求我们做不该做的事情呢？请求参与或协助折磨、谋杀或强奸，能提供去执行的任何理由吗？当然，在大多数甚至所有情况下，不会有这样的请求。但是，由此似乎不能得出，如果做出请求就有不去执行的理由。然而，我们要看到，承诺也会遇到类似的问题。（不是在无知或胁迫的情况下）承诺做我们不该做的事情，提供了按这一承诺去行动的任何理由吗？我们会承认，我们不该做出这样的承诺。但是，如果已经做出了，我们有任何理由守诺吗？如果请求和承诺在这个问题上完全一致，它就不是论证请求能产生约束力独有的问题。

但是，我论证的任何一种情况，都不意味着所有的请求都会产生约束力。我们上文指出适用于论证承诺的两种限制，它们在请求的情况下都有对应物。第一，我给出的论证只适用于一种情况：请求者相信被请求者会把请求当作一个行动的理由。没有这种信任，被请求者就不会持有任何（无担保的）错误信念。当然，要想知道请求者是否真的相信，并不总是易事。但是，从行为模式可以推断是真信还是假信。信赖往往成为信任的证据，拒不依赖猜疑。在只需少数人执行时发出广泛的呼吁，或准备用强力迫使一个人按请求去行动，都是缺乏信任的表现。

第二，就像我们论证在某些情况下，没有义务守诺（以不骗人的责任为基础）一样，因为守诺会表现出过于诚信一样，我们可以论证，在某些情况下，也没有义务按请求去行动（以不骗人的责任为基础），因为这样做会表现出过于热心的倾向。在被请求者不仅表现出热心，而且表现出谄媚倾向的地方，如果他把请求当作行动的理由，这一论证就再次澄清了。我们不会要求潜在的请求者认为潜在的被请求者不仅热心，而且谄媚，否则对被请求者就是不正义的。（其实，把不谄媚的人当作谄媚的人，本身就是不正义的。）因此，如果请求者做出只有谄媚的被请求者才会视其为行动理由的请求，并相信这一请求会被当作行动的理由，那么，如果请求未被这样对待，请求者就要对持有这一错误的信念负责。这一告诫与诺言一样，依赖于接受一个断言：相关美德是对两种过失的折中。我们要否认这一点，就必须拒绝这一限制。

显然，要理解请求何时以我描述的方式产生约束力，关键是理解谄媚这一概念。我这里不会解释。当然，我们可以说，从表面看，预计一些人关注一个人的愿望甚于关注他们自己的愿望，就是将他们当作谄媚的。因此，一般而言，如果一个人给请求的某件事附加的意义不大，而按这个请求行动极为不便，就没有理由采取这一行动。如果我不把你当谄媚对待，而是相信我的请求对你产生了一个行动的理由，我就一定相信，你在类似的情况下提出类似的请求，也会产生一个我去行动的理由。

我给出的论证，如果言之成理，就能表明我们有理由按请求去行动。这一理由出于请求的本性，就像我们有理由按诺言去行动一样。如果按我描述——和我提出——的方式，可以合理讨论诺言产生的约束力，为什么不能合理地讨论请求产生的约束力呢？当然，要满足先做出行动这一条件。而且，请求产生的行动理由，是建立于不贬低进而亏待请求者的责任基础之上的。我们不愿相信请求能产生约束力，而是绝对相信，不能仅仅因为不把请求视为产生行动的理由就亏待任何人。但是，如果我的论证是有效的，我们就一定要承认，这种不情愿用错地方了。

第三节　政治约束的请求理论

为政治约束找到一个令人满意的基础，这一问题有很长的历史。但是，到了现代，随着可笼统地称为个人主义的发展，深信只有我们自己才能给自己施加约束，使这一问题变得尤为尖锐。在这个语境中，自然会诉诸社会契约。如果成功，契约论路径（contractarian approach）就会让个人服从约束，而不会危及个人的最终主权，因为服从的约束其实是每个人自己加给自己的。

契约论路径的力量在于，它尊重个人的主权，并从允诺行为得出政治约束。因为尽管对多数人而言，解释诺言如何产生约束力似乎是个问题，但几乎没有人严肃地质疑，至少在没有实质的无知、被迫或能力不足的情况下，诺言真的会产生约束力。但是，契约论路径面临的许多困难众所周知。尽管如果个人一旦签订契约就受到约束，但可以质疑很多人会或隐或显地签订契约。至少就产生约束力而言，纯粹假定的契约不比根本没有契约好多少。或许这些（和其他）困难可以克服；我不是要追究这个问题，而是想提出，如果请求确实能产生约束力，我们就能不从诺言或契约，而从请求，得出政治约束，进而避开与契约论有关的传统问题。

一旦我们承认他人的请求能对我们产生约束力，就有理由认为，在没有节制的情况下，我们会成为无数相互冲突的请求的接受者。我们可以论证，要避免这么多请求产生的困境，就必须有一个协调机构；在民主社会中，可以合理地提出，让国家扮演这一机构的角色。如果确实如此，那么，在民主社会中，遵守国家法律的约束就来自一个看法：这些法律是把各个社会成员的相互请求整理后合在一起。

这一解释有很多吸引力。它会告诉我们，该如何适应一个信念——民主会给我们的政治约束带来变化，而无须依赖一个有问题的主张：在民主社会中，公民即使不是全部也大多赞同遵守政治约束。第二，正如我们看到的，这一理论不会支持下述断言：当被请求者的行为不仅表现出热心，而且表现出谄媚倾向时，请求就产生约束力。可以用这一规定表明，至少某些不公正的法律，只要以不骗人的责任为基础，就不会产生任何必须服从的约束。

可以认为，这一解释有助于满足个人主义的诉求，与个人主权的某些需求一致。每个个体的最终权威仍是这个个体：我们不会认为，请求者有权发号施令。不过，这一解释否决了个人主义的一个非常重要的部分，具体而言就是一个诉求：只有我们自己能给自己施加约束。因此，我们可以用请求理论提供的方式相互约束，同时承认彼此是自由而平等的道德人。（这一理论支持一种政治的约束，当我们受到请求时就要按这种约束去行动，因为我们受到了请求。但不能得出，请求理论能产生权威，有权发号施令。其实，请求理论的诉求不过是它假定我们受到请求；正是因为请求不是命令，才能合理地做出这一假定。）

不过，这一理论不是没有问题。具体而言，我们想知道，要产生约束力，请求者就要相信被请求者，这一请求是否与国家为保证守法而使用的强权相容。或者，将法律视为请求时，武力威胁会不会削弱在服从法律时以其他方式产生的约束力？可以看出，要应用请求理论，对待知法者（通常是一个地域内的公民和外侨）的方式，一定不能有不相信他们会依法行动的意思。乍一看，这似乎有国家不会受到威胁的意思。但这一结论太过草率。这确实排除了极权国家，但实行轻微管制的国家也能要求公民至少在某种程度上真的信任它。当然，这类政体要与基于请求理论的政治约束相容，就要对它施加诸多重要的限制。但是，断定不管什么性质的国家都应该有约束力，则是荒谬的。

第五章　制度正义

本章我考察制度正义的性质，即一个要求：尊重既定规则或制度的资格产生的权益。一般认为，在有具体规则的地方，否认规则赋予人的权益，就是不正义的。因此，我想考察的问题是，应该如何解释这一非正义，这一解释与把正义理解为恰当性概念家族的一员是否一致。

本章我再次搁置对比较非正义的考察。忽视权益通常涉及比较的非正义，因为忽视的只是一些人的权益。如果忽视的是而且只是一些人的权益，就可以合理地说，不是所有人都受到平等对待；如果确实应该平等对待所有人，这种情况就容易属于作为恰当性的正义（第一章第五节）。但是，我会假定，至少原则上有可能忽视每个人的权益，如果确实如此，就是不正义的。当然，我们可以怀疑，在这种情况下仍可以合理地说最终能建立规则。而我要假定，与作为恰当性的正义相反的那种情况，要多坏有多坏：不能（或者不能总是）把忽视权益产生的非正义仅仅理解为比较的非正义。

我要论证，可以把忽视权益产生的这种非正义解释为未按应得对待，因而与作为恰当性的正义没有不一致之处。我还要论证，在权益和应得经常冲突的地方，我们应该尊重权益——这样就能按应得对待所有人。但是，我从制度正义自身的问题开始，指出对这一问题的很多公认的解决不能令人满意。

第一节　制度正义问题

社会一般都确立一些规则：惯例、制度、习俗，等等。我们想把其中一些作为非正义的而加以拒绝。制度本身要么是制度化的非正义（否认更高规则赋予的权益），要么是非制度化的非正义（最终不是依赖否认符合规则的权益这一概念而产生的不正义）。但是，只要制度本身不是非正义的，一般认为，否定它产生的权益就是非正义的。因此，如果在一个特定社会中，以专业考试成绩为基础分配大学职位是惯例，那么，采用这一惯例就不是非正义的，而拒绝向考得最好的候选者提供一个职位，至少在其他条件相同的情况下，就是非正义的。

因此，我们假定，我们讨论的这些既定规则不是非正义的。为什么忽视这些规则赋予的权益就是非正义的呢？乍一看，答案似乎显而易见。如果规则是正义的，就有一个正义的要求——人们的所得要符合这些规则。但这就是假定，这些规则不仅是正义的，而且是独一无二的，如我们上文指出的（第二章第三节），这是不合理的。合理的观点是，规则的（多个）集合有无限大，它们都不是非正义的。由此，问题就是，不公正在于脱离了某些既定的，而不是不公正的规则，并且遵循了一些其他不公正的规则？我们这里关注正义。

遵循既定规则，通常有很多充分的理由。采纳并执行相对稳定的规则、惯例和制度系统，会带来很多好处。这一系统的稳定性和可预见性大大增加了它的实用性，给适用这些规则和制度的人增加了安全性和自由性。这几点耳熟能详，几乎不需要辩护。但是，它们至少没有立即表明，否认权益是不正义的——堪比无能、不合理、浪费，或反对提高人类的善。❶

两种正义观——正义是一组规则、惯例和制度；正义是恰当性

❶　在一个不太直接的论证中，也会使用这样的考察。例如，罗尔斯捍卫法治的理由是，它能带来自由。"因此，在理性人赞同为自己确立最平等的自由时，法治原则具有坚实的基础。秩序良好的社会要让公民确信拥有并行使这些自由，一般都要维持法治。"（约翰·罗尔斯，《正义论》，牛津，1972，第239-240页）如果我们能论证，正义需要最大限度的平等自由，就能从正义，经自由，得出对权益的尊重。如果要把所有人都作为平等的和自由的来对待，就需要最大范围的平等自由（并且，如果按通常的看法，认为我们拥有的这种自由能授予地位），那么，这一论证与作为恰当性的正义是一致的。

但是，这一论证也面临很多困难。罗尔斯承认，我们应该期待，只有在正常情况下，尊重权益才能使平等的自由达到最大化。因此，当否认权益不妨碍实现最大范围的平等自由时，这一论证就不能解释否认权利产生的非正义。其实，即使实现最大范围的平等自由总是需要尊重现有（不是非正义）的权益，这一论证仍不能解释，即使不忽视这些权益，为什么忽视它们是不正义的。（这里的论证与拒绝以功利主义为基础，为奴隶制的非正义进行辩护是一致的：即使我们确信，奴隶制从未得到效用的最大化，功利主义反对奴隶制的论证也不能解释，为什么奴隶制即使确实将效用最大化，也是非正义的。）而且，只要我们依赖于这类后果主义论证，就不能解释，为什么否认权益，如我们通常认为的那样，显然是非正义的。这一论证拐弯抹角，无法解释。

最后，这一论证依赖一个断言：实现最大范围的平等自由其实是正义的一个要求。即使罗尔斯在这一点上也闪烁其词："如果……这种较少的自由是不必要的，不是由某种人力强加的，那么，自由的这一图式就是不合理的，而不是非正义的。不平等的自由……是另一回事，它直接提出正义的问题。"（同上，第229页。着重号为引者所加）因此，出于这些理由，依赖从自由论证尊重权益的正义，是不明智的。

概念家族的一员——之间确实有一定的重合：两者都要避免错误的分类。否认判断权威时（第一章第四节）不讨论不正义而讨论蔑视和无礼的倾向，反映在制度正义中，就是在缺少必需的权威时，选择谈论非法的而不是不正义的事情。但是，这种重合的存在，既没有圆满地解释为什么制度的非正义是真正的非正义，也没有消除制度权益针对作为恰当性的正义提出的问题，因为当否认人们有这些权益时，非正义就不只是相对于某个规则而言的。一般而言，非正义比这更深刻。诚然，制度非正义的存在，依赖制度的存在：如果没有制度，就没有制度的非正义。但是，我们不可能否认，既定的制度非正义，只有以彻底拒绝这一制度为基础才是一种真正的非正义。（设想一种制度不是非正义的，我们应该承认，如果否认人们拥有这一制度赋予他们的权益，就是不正义地对待他们，即使这一制度的基础是比如效率，我们也认为应该抛弃它。）这种更深刻的非正义，用纯粹的重合是无法解释的。因此，我们需要的是用非制度的非正义（non-institutional injustice）来解释制度的非正义。

接下来，我想考察，我们把基于规则的权益比作承诺行为产生的权利（right），是否就能解释忽视基于规则的权益产生的非正义。当然，这种解释必须依赖一个主张：否认向人们许过的诺言，对他们是不正义的（倘若绕开微不足道的循环），理由并不是必须守诺这一既定规则以及正义要求按既定规则对待。我不是主张确实如此，实际上，我提出（第四章第一节），（即使缺少守诺的任何制度），认为违诺是错误的，也与否认食言总是不正义的一致。不过，出于论证的考虑，我们假定食言确实是不正义的（不是或不只是制度的非正义），进而考察是否能把忽视制度的权益产生的非正义解释为违诺行为。

因此，问题就变成，既定规则赋予的资格能否让一个人得到承诺。这样，在某些情形下有规则赋予资格的人，就可以得到承诺，但问题是，既定规则赋予的资格，至少在通常情况下，是否真的就是得到承诺。这一点极其可疑。这一论证将面临很多困难。

首先，有一个问题：在遵循惯例的情况下，大多是做出承诺，而不是指明意图。诺言产生约束力，这是无可争议的；但离完全表达出行为的意图产生的约束力还差得很远。

其次，一般认为，做出的承诺要有约束力，就必须理解某人正在做的事情的意义，或在没有发现这一意义时做出惩罚。但是，既定规则要产生权益，似乎不需要这一理解。社会遵循规则，而不需要任何成员都要意识到这些被遵循的规则：有些规则，人们从未有意识地接纳，也从未产生过怀疑。然而，倘若这些规则并不是非正义的，就没有理由认为，它们不会像有意识地采纳的规则那样产生权益。

第三，承诺只为承诺者提供行动的理由，承诺式解释要面对这一事实产生的困难。如果我们假定，一个既定规则代表的只是一个既定社会中有权改变规则的那些人的诺言，那么，承诺式解释就只能解释那些有权威的人忽视权益产生的非正义。即使我们假定既定规则可以代表整个社会的承诺，仍不能解释，为什么这一社会以外的成员忽视既定规则产生的权益也是非正义的。但是，倘若规则本身仍不是非正义的，该社会以外的成员忽视既定规则产生的权益，似乎是非正义的。因此，承诺式解释不能说明，尊重基于规则的权益是一个普遍要求。至少这一解释是不全面的。

因此，尝试把权益比作诺言产生的权利，进而解释忽略权益产生的非正义，困难重重。享有权益的人总会得到承诺，这是一种妄想，至少有些时候，既定规则产生的权益，与我们关联到承诺行为的那些权益，有不同的形式与结果。

一个论证既要秉承承诺式解释的精神，又要避免上述问题，可以采取的形式是：尽管享有既定规则权益的人没有得到承诺，但他们享有的权益就像已经得到承诺一样。就像引导受诺者期待他们受到的承诺那样，可以论证，在有既定规则的地方，引导人们期待这些规则赋予他们的权益。

但是，这似乎也是一个可疑的论证。第一，一些人不期待自己的权益得到尊重，我们通常认为，否认这些人的权益是非正义的，而这一论证似乎不能解释，为什么否认这些权益是非正义的。第二，我们可以合理地质疑，这一论证的大前提是否正确，换言之，我们可以合理地质疑，是否有责任去实现一个人产生的期望。如果我（诚实地）告诉你，我有信心期待去做 X，但并未承诺，那么，尽管我引导你期待我去做 X，但我有理由否认去做 X 对我有任何约束力。或许可以说，这一论证中有某个东西：或许只要我引导某人期待一个具体的行动，执行这一行动对我就有某种（尽管弱的）约束力。但是，即使这样论证，也不能解释忽视权益产生的非正义：弱的约

束力难以充分奠定从既定规则得到的相对强的诉求。❶

我的结论是，把基于规则的权益比作基于诺言或准诺言行为的权利，进而找到基于规则的权益的根据，会面临巨大困难。拥有这些权益的很多人，也要享有以承诺的约束力为基础的权利。但是，可以合理地假定，忽视既定规则授予的权益，这种非正义其实有另一个源头。

第二节　权利还原到应得

接下来，我想考察，是否能用应得解释忽视权益产生的非正义。

---

❶　罗尔斯提出诉诸（并不是由承诺行为产生的）期望的另一个论证："在秩序良好的社会中，个人通过完成现有分工鼓励的某些事情，满足分享社会产品的诉求。可以说，由此产生的合法期望是公平原则与正义的自然约束力的另一面。因为一个人只要在正义的分工中接受一个位置，就有责任支持这些分工，有义务尽自己的一份力。所以，一个遵章守法、尽一份力的人，有权要求他人对他做出相应的对待。他们必然要满足他的合法期待。因此，只要经济分工得当，参照与这些惯例相关的规则和准则（以及各自的权重），就能满足个人的诉求。"（《正义论》，第 313 页）。

如果尊重基于规则的权益以公平原则为基础（如果公平原则的基础是平等待人这一责任），就可以提出，尊重权益这一请求与作为恰当性的正义是相一致的。但是，依赖这一论证还是不明智的。首先，尽管在公平原则适用的地方，这一原则为尊重基于制度的权益提供了根据，但是，有充分的理由认为，在公平原则不适用的地方，忽视（不是非正义的）制度产生的权益，是不正义的；当然，这种不正义不能用公平原则来解释。而且，可以质疑，公平原则是否有非常广泛的适用范围。当然，个人只会自愿接受利益产生的约束力，包括承认所谓的合法期待的约束力，一般而言，他们不会自愿参与社会和经济的分工。（如果我不论是否受益都要承担某些责任，就几乎不能把我受益当作为这一要求辩护的基础。）

关于从正义的自然责任出发得出的论证，我们假定，现有的规则是正义的，但不是独一无二的。那么，为什么要认为，正义的自然责任要求我们按现存的公正规则行动呢？直接假定按现存的公正分工来行动是正义的自然责任，就回避了问题的实质。

如果我们不尊重人们的权益,就因此不是按他们的应得对待他们吗?

为这一观点辩护的最简单的方法,就是指出规则赋予的资格能充当应得的基础。但是,这似乎遥不可及——至少在我们接受地位要求时如此。可以把"有资格做某事"看作关于主体的一个事实,但是,认为规则赋予的资格能影响有资格者的地位,则是非常不合理的。仅凭我们满足某一规则的要求这一事实,不会让我们更值得尊重,不会提高我们的地位。这不是要否认,拥有一种能影响地位的属性就会满足某些规则。但是,在情况确实如此的地方,能影响地位的是拥有能使一个人获得规则赋予的资格的那种属性,而不是获得规则赋予的资格。(规则赋予的资格与拥有能影响地位的任一属性之间的关系,完全视规则的内容而定。)因此,有权益并不能充当应得的基础,我们不会仅因为有权益就应该得到什么。

但是,即使直接论证失败,仍有可能把权益还原到应得,尽管是以一种不太直接的方式。我们需要的论证,其基础不过是承认一条规则:我们的论证不能从规则的内容或源头出发,因为产生权益的规则源头各异,内容不同。我接下来概述这一论证。

这个论证的核心是,现有的规则(习惯、惯例、体制)——包括产生权益的那些规则——会影响行为的意义。具体而言,一个现有的规则会影响一个具体的行为是否构成一种(具体的)对待,脱离规则或惯例,一种行为或许没有意义,借助一个既定规则或习惯,就有意义。在有进入寺庙之前必须脱鞋这一规则的地方,穿鞋进去就是一种不敬的对待方式。男性戴着帽子进教堂就是不尊重,这是因为且仅仅是因为一个习惯:男性进入教堂前要摘帽。女性则不可能用这种方式轻蔑地对待教堂，这仅仅是因为，对女性没有相应的既定习惯。

这一点与应得有关，上文我们看到（第二章第一节），应得的东西与应得的基础之间的关系，涉及对待：说 S 应得到 X，就是说，把 X 分配给 S 是按 S 有这一应得的基础对待 S 的一种方式。我们应得的时间和东西，是作为（具体的）对待而得到的。如果应当受罚的人得到应有的惩罚，惩罚就是对待那些犯错的人的一种方式。如果大学职位的一位候选人能力最强、工作最努力等，因而说他应该获得这一职位，那么，将这一职位给他，就是对待作为能力最强、工作最努力等的一种方式。

要证明现有规则如何影响一个具体对待的成分，进而证明按应得对待有什么要求，可以考察一个例子：两个申请人——阿兰和布莱恩，正在竞争一个大学职位。假定阿兰能力更强，工作更努力，缺点更少❶，等等。不管我们认为应该得到这个职位需要哪些相关品质，阿兰都有，而布莱恩却没有。因此，我们可以说阿兰应得到这一职位，布莱恩则不应得到。

但是，接下来假定这所大学有一个惯例：举行录用考试，按得分分配职位。假定我们承认，这一惯例不是非止义的。这两个申请人参加考试，布莱恩得分较高：他运气好，试卷上的那些问题都是

---

❶ 原文为 has had fewer advantages，意思是优点更少。但是，从语境看，这里应该是缺点更少（fewer disadvantages）或优点更多（more advantages），译文按前一种给出。——校者注

他预习过的。这样，在考试中（通过好运气）取得好成绩并没有让布莱恩更值得尊敬或钦佩。它不是我们对他的评价做出修正的基础；它没有影响他的地位。简言之，（以这种方式）获得更高的分数并没有使得布莱恩更应该得到那一职位。

不过，现在把这一职位授予布莱恩，我们会说，不把这个职位给他就是不正义的。为什么是不正义的呢？关键是得分高的人分配到职位这一现存的习惯或规则，改变了职位分配的说法。假定职位分配给阿兰，却没有理由认为这条规则本身已被废除。我们该如何理解这一行为的意义？我们应该如何看待布莱恩受到的对待？

我想指出，这一行为不再把布莱恩当作仅仅凭能力等不应该得到这个职务的人；离开现存规则，就是把布莱恩当作不应该得到这一职位的人对待。因此，布莱恩不应该获得（does not deserve）这一职位，这是对的，而他应该不获得（deserve not to）这一职位，却是错的。如果布莱恩确实应该不获得这一职位，拒绝授予他这一职位就不是非正义的。例如，如果他想过烧掉图书馆，我们就会认为，他应该不获得这一职位。（当然，允许他去考试，就有理由相信，我们没有认为他应该不获得这个职位。）但是，如果不是在布莱恩应该不获得这个职位的情况——他只是不应该获得——下，拒绝把这一职位授予他，就是不正义的。这是因为，这就在他其实不是不应该获得这一职位时，把他当作不应该获得这一职位的人对待，就是按他得到他其实不应得的对待，因而没有按应得对待他。

这就是把论证变成斯维尔德里克的形式，即依赖一个主张：我们把不应得的人当作得到不应得的东西对待，因而我们的行为是不正义的。如果我们采取克莱尼格的观点，说人们不应得——没有相关应得——那么，对他们应不应得的是什么不置可否，就要附加一个步骤。如果否认布莱恩的权益，就应该不把那个职位分配给他。换言之，按他有某些能影响地位的属性（称作 Q）对待，这就是他应该不得到这一职位的应得基础。但是，按照假定，布莱恩并不拥有 Q。也就是说，他缺少 Q。但是，如果 Q 能影响地位，那么，缺少 Q 也能影响地位。因此，以他缺少 Q 为基础，在规则的情境中，就应该把这一职位分配给布莱恩，否则就是不正义的，因为未能按应得对待他。（当然，应得的基础并不是努力或能力；正是他缺少任何"充分的"基础，才应该不向他分配这一职位。）

这一论证的核心比较简单：刻意否认我们规则赋予的资格——在相关规则并未废除的环境下——是把我们当作应该取消资格的人对待。当然，这一论证依赖于我们有能力区分遵循规则与废除或放弃规则。这一区分即使在实践中有时难以判定哪一种描述合适，在理论上也是足够清晰的。

这就可以提出一个反驳：将这一职位分配给阿兰，不是将布莱恩当作应该不分配到这一职位对待；而只是将阿兰作为应该得到这一职位对待。我们可以说，我们肯定会权衡阿兰的应得诉求与布莱恩的权益，把这一职位分配给阿兰，就是直接认为阿兰的诉求更强烈。这一反驳非同寻常，甚至无法立足，但不是将布莱恩当作应该不分配到这一职位对待。

但是，这样反驳就忽视了一个事实：如果按应得对待，既定规则不仅会影响布莱恩必定得到的东西，也改变了阿兰必定得到的东西。阿兰能力更强，工作更努力，等等。他应该得到这样的对待。我们已经假定，在没有按入职考试分配职位这一惯例的情况下，将职位分配给阿兰，就是把他当作应该得到这一职位对待。其实，只能这样对待他，如果确实如此，就可以得出，在没有这一惯例时，至少在其他条件相同的情况下，拒绝把这一职位给他，就是不正义的。

但是，只要确立以入职考试为基础的分配规则，职位分配这种方式在对待人（申请者）时就不再按能力、努力等，而是按入职考试的表现。因此，尽管阿兰能力更强，在此基础上应该得到这一职位，但不能说，如果按应得对待，他一定能得到这一职位。正义需要的是，不把阿兰当能力最强、工作最努力等对待。拒不同情阿兰的厄运（适当时可以预料比如一位朋友会有这样的同情），就是这样对待他的一种方式，这是不正义的。但是，既然确立了以入职考试为基础来分配职位的惯例，就再也没必要认为，按能力最强等来对待阿兰，就要把这一职位分配给他。因此，我们在解释把职位分配给阿兰时，不是直接说他应该获得这个职位，而是说布莱恩应该不获得这一职位——因为按既定规则，阿兰不再应该得到这一职位。

因此，对权益和应得之间的冲突的标准看法被误解了。通常的观点是，应得的诉求与权益的诉求不同，两者有冲突。面对这样的冲突，至少一般而言，权益胜过应得。因此，至少在大多数事物都有——或认为它们有——权益的社会中，应得的作用或许只能体现在一个地方：决定（或有助于决定）应当存在的规则、习惯和制度。

但是，如果接受我概述的这个还原论证，这个观点就一无是处。如果权益的诉求最终根据是按应得对待，那么，在假定权益胜过应得的地方，我们行为的最终依据，就是要求按所有人的应得对待他们，这乍一看似乎是矛盾的。如果按人们（前－制度）的应得对待他们，既定规则就会改变要求——比如阿兰的应得不再要求分配到职位——在权益胜过应得的地方，说应得胜之不武，就是错误的描述。权益的诉求最终依赖应得，认为它们与前制度的应得诉求有抵触，但按既定规则根本没有冲突。因此，与表象相反，在这些情况下没有抵触，由于有规则存在，按应得对待的条件就是按权益分配职位。借助按应得对待所有人这一原则，忽视权益这种非正义，权益相对于前－制度的应得的优先性，都可以得到解释。

确实，在这一情境下讨论应得与权益孰轻孰重，仿佛它们是相互竞争的独立诉求，就误入歧途了。只要 X 有真正的权益诉求，就没有真正的前－制度的应得诉求，反之亦然。忽视 X 的权益是非正义的，这一断言依赖于真有一条（不是非正义的）既定规则能推导出它。只要我们认为，X 有真正的前－制度的应得诉求，就一定要认为，这条规则尚未完全确立（或者是非正义的）。我们可以期待含糊其辞的说法：我们想说，规则只确定到一定程度。但是，如果我们要这样说，至少应该承认，这是任何困境的源头，而不是因为两个无可指责的独立诉求在相互竞争。

因此，如果这一还原论证是成功的，就能表明，我们想要避免非正义，为什么不能忽视权益。它还表明，尽管权益和应得是两个不同的概念，但不能得出，忽视权利这种非正义，不是以按应得对待人这一要求为基础的。因此，我们可以在承认基于规则的权益对正义的重要性的同时，不放弃正义只需按应得来对待这一观点。我的结论是，承认权益并不妨碍接受正义是恰当性。

第六章　惩罚与奖励

本章我讨论奖励（rewarding）与惩罚（punishing）的惯例，并考察它们与正义的关系。我既不会为这两种惯例辩护，也不会指出我们不可能对它们给出任何辩护：我的目标更窄。我的主要目的是，考察作为恰当性的正义能否为讨论正义与奖励和惩罚这两种惯例之间的关系提供一个满意的框架。关于奖励或惩罚（与不作奖励或惩罚）的正义的论证，与主张按不恰当的对待来理解非正义，在多大范围内是相容的？我还将考察，在奖惩的范围内承认正义是恰当性，如果给我们带来一点东西，这个东西是什么。我说过，应得是正义的核心（第二章第一节），接下来我会讨论（第七章第四节），应得与奖励和惩罚这两个概念有密切的关联。因此，承认正义是恰当性，就是承认奖惩在正义的社会中发挥尤为重要的作用，甚至可以说，承认正义是恰当性，就是赞成报应主义（retributivism）。我将在本章中考察是否如此。

我将通过如下方式来展开。首先，我讨论奖励与惩罚这两个概念，解释我对这两个术语的理解。接着考察，不奖惩何时是非正义的。奖惩何时是正义问题必需的？这里的问题是，奖惩是自由裁量的惯例（第二章第二节），还是一个社会要成为正义的社会就必须采用的惯例。最后，我考察奖惩何时与正义一致。我们何时不做出非正义的行为就可以做出奖惩？

我始终搁置比较正义的权益与考量。如果人们有权受到奖励或不受惩罚，我们就可以说，忽视他们的权益，对他们就是非正义的。同样，如果情况不变，如果认为受到奖惩的某些人，比没有受到奖惩的另一些人地位更低，就是非正义的。我讨论过权益与比较正义，这里不再赘述。当然，在决定我们该如何行动时，我们需要考虑权益和对比，但是，这些考量并不专门关注奖惩。因此，我关注的问题是，不考虑产生权益的任何规则，奖惩和不奖惩何时是非相对的非正义。

第一节　惩罚与奖励的惯例

在讨论奖惩与正义的关系之前，我们必须说明奖惩是什么。我假定，我们谈论的奖惩，是指下述要素结合起来的惯例：奖惩的行为是或声称是（分别）对正确或错误（包括疏忽）行为的一种应对，（分别）通过施加或派给接受者想要或不想要的东西，（分别）奖励做出正确行为的人，惩罚做出错误行为的人。

可以合理地认为，奖惩是应对，具体而言，是对行为（或忽视）的应对。我们可以说，这样看待奖惩，就是用报应主义看待这两种惯例。（这个观点与这些惯例是什么有关——即使拒绝用报应主义解释我们制定这些惯例的根据，也可以采纳这一观点。）比如，为应对一个事件或事态而做出行为，应对与行为就缺少对称性。缺少这一对称性，会破坏这一反应声称的任何恰当性，但也妨碍我们把奖惩理解为一种反应。把奖惩施加于人，而不是施加给人做的事，奖惩就变得既难辩护又难理解。（邪恶或恶毒的人应该受到这样的对待，应该受到惩罚，但只是因为他们做的事，而不单单是因为他们是邪恶的。）

这样，可以把奖惩理解为反应：为应对其他行为而做出的行为。但除此之外，至少在核心事件中，奖惩还是表达它们回应的行为是对是错这一信念的应对方式。[1]惩罚意味着被惩罚的行为是错误的：把受罚者当作是做错事的人对待。[惩罚使用的"纠正"（correction）这个词凸显这一关联。] 奖励就是把受赏者当作做对事的人对待；意味着它应对的行为是一种正确行为。

我们在回应正确或错误的行为时，可以把行为主体当作做对或做错的人对待，而不需要奖惩。我们可以推荐、鼓掌、喝彩或表扬；我们可以谴责、责备、声讨、告诫、训斥或指责。奖惩与这些对待形式的差别在于一个事实：奖励旨在赠予被认为是且通常是有利的、有益的和受欢迎的东西，而惩罚则旨在让人受苦，施加不利的、有负担的和不受欢迎的东西。我们预计到我们的赞扬本身会受欢迎，而我们的谴责本身不受欢迎。但是，我们在赞扬时没想过获利，在谴责时没想过让人受苦。赞扬本身并不是奖励，谴责本身也不是

---

[1] 参见乔伊·芬博格，《惩罚的表达功能》，《做与应得》，普林斯顿，1970，第95-118 页；A.J. 司格伦，《如何与墙说话？》，《哲学》，55，1980，第 509-523 页。

惩罚。

　　提供受欢迎的东西，或用不受欢迎的东西去震慑，是尝试影响行为的两种方式。通常认为，提供奖励和用惩罚作震慑，会影响行为。但是，奖惩与其他能影响行为的惯例的差别在于我们已经指出的第一个要素：奖励是按做对事情的人来对待，惩罚是按做错事情的人来对待。当我们想影响行为，但不想暗示行为的对错时，我们给出的不是奖励，而只是激励、鼓励或贿赂；不是惩罚，而是罚款（penalty）、阻挠和威慑。（惩罚与罚款有差别：把一个负担称作罚款，并不是说受罚的行为是错误的。因此，我们可以说，提前还贷或套现人身保险单要罚款。❶）影响行为并不是奖励和惩罚的本质部分，而是能普遍预计到的一个常见结果。即使不指望奖惩能影响未来的奖惩行为或其他行为时，奖惩也是可能的。期待奖惩能影响行为，这一事实通常只是另一个事实的结果：在其他事情相同的情况下，人（和动物）趋向于追求有利的、受欢迎的事情，规避不利的、惹麻烦的事情。

　　上文指出，惩罚本质上是打击那些受到惩罚的人。❷但是，这一观点也该拒斥。施加惩罚的东西本身是不受欢迎的。正如刚刚提到的，我们通常努力规避不受欢迎的东西，因此，施加惩罚通常构成一种打击。但并不总是如此。如果一个人做错了事，懊悔不已，

---

❶　这里我引自芬博格"惩罚的表达功能"，第97-98页。

❷　"……惩罚的最一般和最准确的定义是，受害人（直接或通过合法权威间接）完成的经历"（让·汉普顿，《关于惩罚的一种新理论》，R.G. 弗雷和克里斯托弗·莫里斯（编），《依赖与责任：法律和道德论文集》，剑桥，1991，第399页。

甘愿受罚，他或许希望这样的惩罚有助于赎罪，当他受罚时，并没有受到打击。这个惩罚是受欢迎的，尽管这一惩罚施加的东西本身是不受欢迎的。因此，惩罚可以是打击，但不一定是，正如奖励不一定是胜利一样。

我在上文提到（第一章第四节），说一个行为是正义的或非正义的，就是指出行为人在做出判断时不缺乏任何必需的权威。这一趋势在奖惩情况下对应的是，说某事是奖惩，就是指出受到奖惩的人并未失去做出判断的资格。这并不是说，我们不能说孩子对他们的父母做出奖惩，或我们对上帝做出奖惩。我们可以这样说，这些描述不是不可理解。简言之，我们这样做，是想表明行为人不是没有判断能力，不缺乏必需的权威。❶

这样解释奖励和惩罚这两个概念，就可以表明奖励和惩罚是一个"鲜明的对比"。❷ 这样，就可以合理地用奖励讨论惩罚。要规避的观点是，奖励是社会正义的一部分（主要涉及利益的分配），与惩罚的正义完全不同。这一构架未能反映更重要的断裂与联系。正义的利益分配与正义的责任分配这一区分，与基于不同的分配理由做出的区分相比，是肤浅的。当然，在确定如何分配受欢迎的、有益的东西时，我们需要考虑任何必需的奖励，只要正义的要求没有考虑奖励，就必须加上。我在上文（第三章第一节至第三节）至少讨论过这些要求的其中几条。但这也适用于惩罚：如果正义

---

❶　参见安东尼·弗卢，"惩罚的理由"，H.B. 阿克顿（编），《惩罚的哲学》，伦敦，1969，第86–87页。

❷　乔伊·芬博格，《做和应得》，第67页。

要求把罚款、感化和强迫劳役这些负担作为待施加的惩罚，我们就需要修正将惩罚排除在外的正义的责任分配，将这些惩罚纳入其中。

第二节 不奖惩的正义

正义需要采纳奖惩的惯例吗？不奖惩就是非正义的吗？如果做错了的人应该得到惩罚，做对了的人应该得到奖励，而正义要求按所有人的应得对待他们，那么，不奖惩就是非正义的。不奖惩——至少不惩罚——是或可能是非正义的，这是报应主义者采取的观点：做错了的人应该得到惩罚，这是对他们的错误行为的报应。

报应主义者面对的问题足够清楚。把没有做错的人当作错了对待，或者将做对了的人当没有做对对待，就是不正义的行为。将做错了的人当没有做错对待，或者将没有做对的人当做对了对待，就与正义背道而驰。但是，上文我们指出（第六章第一节），惩罚不是将做错的人当作错了对待的唯一方式，奖励也不是将做对的人当作对了对待的唯一方式。那么，我们为什么要说奖惩是应得的呢？不奖惩就一定是非正义的吗？如果做错的人只受到谴责，做对的人只受到表扬，非正义在哪里呢？

惩罚就是使某人受苦，奖励就是给人利益。施加痛苦显然要有理由。但是，用资源去奖励也是如此。在资源匮乏的任何地方，用资源去奖励就要排除把资源用于其他目的（比如，用于激励）。即使在不缺资源的地方，用利益奖励时，至少原则上要拒绝把这些利益（或同等程度的利益）授予那些不该被奖励的人。因此，在把做对的人当作对了对待，把做错的人当作错了对待的过程中使用利益和责任，都需要理由：只指出奖励的称赞一面和惩罚的谴责一面还不是充分的理由。❶ 要表明奖惩是正义必需的，就一定要表明，奖惩的所有方面都是正义必需的。❷ 因此，我们的任务就是表明，奖惩，包括它们旨在施加的痛苦和给予的利益，都是对错误和正确的做法的恰到好处的回应。

不能充分断定，邪恶的人就应该受苦，善良的人就应该成功。这并没有否认，满足这一模式的事情对很多人有直观的恰当性。而是说，这种直观并不适合充当论证的基础。必须要论证，但必需的论证可以采取多种形式。我想概述这些论证的其中几个，考察它们是否与正义是一个恰当性概念这一断言相容，进而考察它们对这一断言的依赖程度。

区分论证是否依赖矫正的正义原则，是有用的。矫正的正义原则对现存非正义的恰当反应做出限定。我们是在这个情境中说，纠正或取消、废除或抵消此前的不正义行为或其影响。我们使用的概

---

❶ 参见 C.L. 泰恩，《犯罪、愧疚与惩罚》，牛津，1987，第 65 页。

❷ 证明奖惩的某个特定层面是正义必需的，要涉及多个方面，其中一个是判决问题。伯格指出："要做出与正义相一致的惩罚，将惩罚限制在应得内并不够，我们还要将惩罚的力度限制在应得的力度内"（理查德·W. 伯格，"罪犯应该受到惩罚吗？"《哲学杂志》，79，1982，第 197 页）。另外，如果正义需要施加惩罚，大概也需要施加最小限度的惩罚。惩罚太轻，是不正义的，尽管不是对某个人不正义。同样的观点也适用于奖励：奖励太少，对受奖人是不正义的；奖励太多，则会产生奖励不值得奖励的人这种非正义。我不会讨论这些问题，但是，主张正义需要采纳奖惩惯例的人则一定要面对这些问题。

念有恢复平衡、修复脱节、理清头绪。修正的策略包括弥补、恢复、赔偿（针对此前的不正义行为做出的反应），或许还有惩罚。而非矫正的原则首先关注如何避免非正义。这些原则指明，要不失正义就必须规避什么，而矫正的原则则指明，要重获正义就必须做什么。首先考察以矫正和取消为基础，支持奖惩的一些论证。

通常认为，惩罚显然能消除罪行，澄清问题，受惩人也由此向社会赎罪。这类断言采用的观点是，惩罚的理由在于它通过消除非正义而得到修正。但是，惩罚真的能消除非正义吗？我们可以赞同，这样说有助于改造罪犯，治愈此前的非正义造成的伤口。但是，惩罚真的能撤销或消除以往的非正义吗？毕竟，做过的事根本不能撤销，这有重要意义，因为即使有可能撤销错误行为的后果，也不是通过惩罚，而是通过恢复、修复和补偿。

但是，有些关于取消的论证，至少关于那些可能取消的某个错误行为的论证，值得严肃对待。其中有莫里斯（Morris）的论证：被做错事的人颠覆的利益与责任的平衡，惩罚能将它恢复；[1]有汉普顿的论证：要消除做错事的人对受害者暗含优势这一错误信息，就

---

[1]　参见赫伯特·莫里斯的《人与惩罚》，《一元论者》，52，1968，第475-501页。莫里斯不是主张唯独惩罚有撤销的资格："宽恕及与其类似的法律术语——原谅，尽管不是让一个人用赔偿弥补不正义的分配，但可以通过宽恕债务而恢复平衡。"（第478页）关于这一论证线索的讨论，参见伯格的《罪犯应该得到惩罚吗？》，第193-210页。乔治·谢尔，《应得》，普林斯顿，1987，第五章。汉普顿，《关于惩罚的一种新理论》，尤其是第382-386页。大卫·多林科，《对惩罚主义的几点思考》，《伦理学》，101，1991，尤其第545-549页。

必须有惩罚。❶ 这些论证在多大范围内与作为恰当性的正义是相容的呢——甚至它们在多大范围内以这种正义观为前提呢？

惩罚要消除的原先的非正义的性质，随不同的消除论证而变化。原则上没有理由认为，这一非正义与将正义理解为恰当性概念家族的一员不相容，显然，莫里斯和汉普顿论证的原先的非正义，容易被理解为不恰当对待的案例。❷ 但是，我们也可以论证，把正义理解为一个恰当性概念，也可以解释所有的修正论证都预设的一个主张：非正义需要修正。

---

❶ 参见汉普顿的《关于惩罚的一种新理论》，第 377-414 页。关于这一论证的讨论，参见德林科的《关于报应主义的一些思考》，特别是第 549-554 页。汉普顿的论证令人印象深刻，但看不出它能解决它面临的所有问题。可能的困难有：第一，能看出必须消除这一信息吗？这里的论证依赖的断言，是不惩罚就是接受这一信息或宽恕错误行为吗？如果是，这个断言有理由吗？毕竟，长期以来，自由主义者都在论证，一个人能容忍一种行为，但并不因此就认同这一行为。第二，大多数惩罚真的以上述方式消除了错误行为吗？具体而言，如果不是受害者惩罚冒犯者，为什么不直接发布一个新的优势信息——比如，管控冒犯者——而是消除冒犯者默认的信息？第三，即使惩罚会消除一定程度的影响，也允许这么做，它就是唯一的或至少是唯一切实可行的消除方式吗？它能表明，有利于受害者或非冒犯者，不是一个切实可行的选择吗？第四，即使惩罚确实至少能消除一定程度的影响，就是允许的吗？如果我们的惩罚只是为了取消此前对受害者的非正义，我们对冒犯者采取的行动方式，只是将他当作达到目的的手段吗——尽管结果是修正了非正义？［我将在下文（第六章第三节）讨论对惩罚的这种反驳。］

❷ 就从取消利益和责任的不公平分配得出的论证而言，为了指出一个行为因使此前的公平分配失衡而变得不正义，我们就一定要了解公平分配的成分。我们可以提出，平均（或不平均）分配是公平的，因为人人平等（或不平等），应该受到这样的对待。我们还可以提出，一种具体的分配是公平的，因为它按权益、贡献、需要等来对待人；但是，如果上面提出的论证言之成理，就可以把这些考量还原到应得。因此，我们可以论证，此前的任何公平分配，都可以理解为按应得（因而也是按地位）对待，因而被惩罚的行为构成不恰当的对待。按照汉普顿的论证，惩罚的功能是“消除错误对待受害者与犯错者的相对价值提供的错误证据”。（《关于惩罚的一种新理论》，第 403 页）显然，按照这一解释，要消除的行为是一种不恰当的行为。

假定有可能论证，惩罚且只有惩罚真能消除过去的非正义，那么，还是存在一个问题：为什么我们要假定，正义需要尽可能消除过去的非正义。为这一主张辩护的一种方式是，论证我们对非正义不闻不问，就是对被不正义的行为打破秩序的紧张紊乱的世界不闻不问；这是我们不该做的事情。但是，这一路径似乎不太令人满意。表面看，它严重依赖美学的隐喻。或许这就是我们愿意接受的事情。❶ 但是，还存在其他问题：这一路径似乎不能解释一个信念——至少有时只有做出不正义行为的人才要矫正；也不能解释另一个信念：薄待比不薄待产生的非正义更严重。因此，至少关于矫正的这一论证还不全面。

克服这些问题的方法是，指出要尽可能矫正以前的非正义，其基础是一个（更基本的）非矫正的责任，即避免做出不正义的事情，因为拒绝矫正过去的非正义，会构成新的非正义，加重原先的非正义。（某个并不缺乏任何必需权威的人）拒绝把原先有不正义行为的人当作不用对正义负责的人——或许认为他缺少对自我和地位的意识能力以及解释能力（或潜力）——就是新的非正义。上文指出（第一章第四节），可以合理地认为，对正义负责的人比不对正义负责的人更优秀。因此，拒绝矫正过去的非正义，不仅对非正义造成的后果不闻不问——放任早先的非正义——而且再次薄待那些否认正义的人，进而加重非正义。如果这是为了论证正义问题必须矫正以前的非正义这一断言，那么，这个论证就依赖把正义理解为恰当性概

---

❶ 参见艾瑞斯·默多克，《善的主权》，伦敦，1970，第 77 页。

念家族的一员。

至此，我只考察了有关惩罚的取消论证（annulment argument）。这些论证也适用于奖励吗？如果我们承认，惩罚会取消错误的行为，就一定还要承认奖励会取消正确的行为吗？如果承认，这就是不奖励的理由吗？或者，勉强接受奖励可以撤销，能为我们质疑撤销惩罚提供理由吗？

我们通常不会认为奖励能撤销，尽管这一建议不像它乍一看那样不合理或不引人注意。论证以撤销为基础的奖励，似乎难以置信，因为它与一个愿望不相容：不要取消以往的正确行为。但是，这一反驳显然没有根据。即使惩罚能撤销非正义，也不能消除过去。没有理由认为，接受以撤销为根据的奖励，就意味着奖励就是取消被奖励的行为，好像被奖励的行为从未发生过。论证惩罚有矫正能力，不是为了表明惩罚可以消除原先的错误行为。没有人会认为，惩罚能减轻原先的错误行为；也没有理由认为，在奖励的情况下接受类似的论证，就要接受奖励会减少原先的正确行为。因此，这些理由无法驳斥能取消奖励这一主张。

不过，要对奖励正确的行为做出取消论证，我们一定要能指出取消的理由与正确的行为有关。但是，有些事情并不是完全不合理的，至少原则上有可能构建与莫里斯和汉普顿提出的论证类似的论证，为奖励辩护。莫里斯的论证的前提是，未犯错的人承担一种限制责任。因此，我们可以试着论证，做出值得奖励的行为的人，在实施这些行为时承担责任，这就是奖励要取消的东西。在汉普顿的论证中，惩罚的功能是消除做错事的人优于受害者这一错误信息。因此，我们或许可以论证，奖励的功能是消除受惠人优于施惠人这一错误信息。无疑，这些论证会面临严峻的考验，在让它们成为表明只有奖励能消除的论证时尤其如此。但是，不能立即放弃奖励的撤销论证的可能性。如果没有其他理由，这些论证值得考虑，因为它们揭示了惩罚的撤销论证：如果我们希望接受的撤销论证与惩罚有关，而与奖励无关，就应该能解释为什么一种论证会成功，而另一种会失败。当然，不能表明这与我们想要对其撤销奖励的正确行为无关。

接下来，我将转向为不奖惩可能是不正义的这一主张辩护的非矫正路径。这一路径关注奖惩的表达能力或传达能力（expressive or communicative capacity）。奖惩是待人的方式和表达信念的方式，可以认为，使用奖惩就是使用一种（特定的）语言。因此，可以论证，惩罚作恶者、奖励行善者的具体恰当性，大多能解释为一个纯约定的问题。人们会说，语言（很大程度上）是一个约定问题；寻找采用任何特定符号的理由，几乎没有意义。因此，如果奖惩这两种惯例是语言（的成分），那么，它们也是两种约定方式，（至少在许多社会中）把作恶者当作坏人，行善者当作好人，并不需要进一步的理由。❶ 我们还可以主张，这就是通常理解的语言性质的一部分，使用一种语言，就预设（通常）出现有效的传达，并论证，惩罚是

---

❶ 这一论证见于 A.C. 埃文《惩罚的道德性》，伦敦，1929，第 105 页。C.W.K. 孟德尔对此文的批判，参见《惩罚与应得》，载阿克顿（编）《惩罚的哲学》，第 69 页。

作恶者理解的唯一语言，只有奖励才能有效传达赞扬。❶

但是，这些论证不能令人信服。从惯例得到的论证，容易遭受一个反驳：如果另一个约定不涉及刻意施加的痛苦或与奖励相连的机会成本，那么，至少在其他条件相同的情况下，就应该采用这一约定，并且终止奖惩。难以看出如何以纯粹的约定为基础，既不履行不受苦的一般责任，也不否认利益。从有效传达得到的论证面临经验和非经验的反驳。可以合理地认为，至少对许多人而言，奖惩并不真的就是一种有效的传达方式。在这种情况下，至少无法为奖惩的必然性做辩护。但是，即使奖惩是唯一有效的传达方式，也看不出奖惩是正义必需的，因为看不出有效的传达是正义必需的（比如，与道德教育相比）。

这些论证关注如何对待受到奖惩的人。可选的一个策略是，以最有可能把另一个人当作受害者或受益者这一方式，论证不奖惩就是不正义的。从保护受害者得出的论证就是这种论证。惩罚或以惩罚做威慑（进而用惩罚保证这种威慑仍是可信的），是保护潜在的受害者的一种方式，这个论证把做不到这样的保护，当没有保护价值、不值得保护对待。这样，这个论证揭示了作为恰当性的正义必需的形式：不保护，如果是不正义的，就是没有把那些未得到保护的人当作值得保护的人对待。但是，值得保护要有一定地位，因而不保

---

❶ 参见伊戈·普里莫拉兹的《作为语言的惩罚》，《哲学》第 64 卷，1989，第 199-200 页。

护值得保护的人，就是薄待他们。❶（关于奖励的类似论证，其构造基础是，如果不想薄待潜在的受益者，就一定要把他们当作有值得提升的利益对待。因此，在某些情况下，不奖励构成了对潜在受惠者的非正义。）

如果这一论证要成功表明不奖惩是非正义的，即使我们假定地位（的层次）与保护或援助（的程度）能完美地关联起来，也还要解决很多困难。第一，必须表明，奖惩对保护或援助不仅是充分条件，而且即使不是理论上的必需条件，也是实践中的必需条件。第二，至少对惩罚的论证容易受到一个指责：用惩罚来保护，只是把那些受罚者本身当作手段，而不是当作目的对待。我会在下文回到这一反驳的思路（第六章第三节）。

第三，这些论证预设有保护或援助的责任，因为除非有这一责任，否则就看不出，没有（威慑的）惩罚或（提供的）奖励，就是把潜在的受害者或受惠者当作不值得保护或援助的人对待，而不是索性置之不理。克服这个问题，有两种方式：论证所有人都有保护或援助的一般责任；论证不奖惩处于一个具体位置的人，是不正义的。要支持后一个观点，就必须解释，处于这个具体位置的人是谁，为什么会在这一位置。单纯的奖惩能力并不能产生任何具体的责任：能（can）得不出应当（ought）。更合理的主张是，禁止对他人使用奖惩的人，有责任惩罚或奖励被他们禁止惩罚的那些人亏待的人，

---

❶ 参见汉普顿，《关于惩罚的一种新理论》，第 410-413 页。汉普顿提出，这一论证尝试去"把握并解释……黑格尔的一个观点：惩罚在某种意义上'消除'了罪行"（第 413 页）。但是，把这一论证视为非惩罚主义的，似乎更合理。

或帮助被他们禁止奖励的那些人。（因此，如果禁止父母惩罚小孩，或禁止国家惩罚公民，而不会做出不正义的行为，就会因此承担受罚的责任。）为什么会这样？

假定我生活的国家禁止我惩罚攻击我的人，进而拒绝惩罚攻击我的人。❶我由此就受到国家的非正义对待吗？或许不是。如果攻击我的人并不是做错的人，或者，如果惩罚做错的人是错误的，国家不惩罚做错的人就不是非正义的行为。但是，如果我们假定，把攻击我的人理解为做错的人，（不过度）惩罚做错的人没有错，那么，国家既禁止我惩罚，又不作惩罚——这一行为附带的意义是什么呢？在这些情况下，可以合理地说，国家这样做，是把我当作能泰然承受这些（不是不恰当的）行为的人。如果我不是这样的人，这就是薄待我，那么，把禁止惩罚与不惩罚合在一起，国家对我就是非正义的。因此，对阻止他人受罚的人而言，不惩罚就是非正义的。所以，正是禁止惩罚，使惩罚成为对待坏人的一种必需方式。

因此，这些论证能支持一个观点：不作奖惩，我们的行为可能是不正义的。更合理的论证则是指明，惩罚是能撤销以前的非正义的唯一方式，并且禁止惩罚他人也由此带来一种惩罚的义务，否则对禁止惩罚他人的那些人就是不正义的。我不是要主张，这些论证中的任何一个会成功，而是想指出，它们与把不正义的对待理解为不恰当是一致的。

---

❶ 这样禁止我，会不会冤枉我，我不考察这一问题；不管我们对这一问题采取什么观点，都会出现一个问题：正义是否需要禁止主体才能做出惩罚。

第三节 奖惩的正义

接下来，我想考察我们的奖惩什么时候是非正义的，这种不正义是否与把正义视为恰当性概念家族的一员相容。显然，惩罚无辜者或奖励不值得奖励之人，都是非正义的，因为这是把他们当作他们不是的那种人——坏人或好人——对待。这不是它之所以不正义的唯一理由。还有一个理由，通常源于一个事实：惩罚无辜者通常是——尽管不总是——错将受罚者当作一个说谎者，因为在许多情况下无辜者都说自己是无辜的。不过，对做错的人就要惩罚，对做对的人就要奖励，这一事实就解释了为什么惩罚无辜者和奖励不值得奖励的人显然总是且本来就是非正义的。

既然在表明正义问题必须有奖惩时涉及种种困难，我们倾向于采纳的观点是，奖惩是自由裁量的惯例，尽管我们的奖惩可能是不正义的行为，但是，不奖惩绝不会是不正义的。按照这一观点，尽管在（非比较的）正义范围内，惩罚无辜者或奖励不值得奖励的人都是不正义的，但是，惩罚做错的人和奖励做对的人是允许的，但不是必需的。

正如我们在上文看到（第二章第二节），这一立场可以用应得的术语表达出来。奖惩如果是任意的，就绝不是应得的。按照克莱因的解释，不应得的人，无论受到怎样的对待，都不可能是不恰当的对待。但是，从某些人不应该得到奖惩这一事实，不能得出他们根本没有（相关）应得。也应该这样对待那些不知好歹的人，即他们不应该得到奖惩。如果不按这些应得对待他们，就是不恰当地对待他们。相反，做对的人和做错的人不仅不该得到奖励或惩罚——这些惯例的后果是随意的——也不该不得到奖励或惩罚。因此，对他们而言，做不做奖励和惩罚，都不是不正义的。

按照斯沃德里克的解释，即使我们不应得，把我们当作应得对待，也是不正义的。既然奖惩是随意的，做对的人和做错的人就都不应该得到奖惩。但是，这不能得出，奖励做对的人或惩罚做错的人是不正义的，因为如果奖惩真是随意的，而导致从未是实际应得的，那么，奖惩就不是按应得的奖惩来对待。相反，严格说来，奖惩就是不应该得到奖惩。因此，即使按照斯沃德里克的解释，也不能因为没人应该得到奖惩，就说奖惩总是不正义的。

奖惩是随意的，这一观点具有吸引力。它的一个优势是让我们接受一个信念：正义与宽恕没有根本的冲突。如果做错的人应该受罚，而他们未得到应有的惩罚，就是不正义，那么，宽恕必然导致不正义：宽恕就是不做出应有的惩罚。要避免这一冲突，就一定要表明，在应该惩罚时却保持宽容，不惩罚就不是不正义的。很难看出如何做到这一点，因为它要求，当应该宽恕时，它应该是一个正义问题。（如果我们能表明这一点，就能论证做错的人应该或将会受到惩罚，但也应得到宽恕，后者比前者更重要。）但是，如果宽以待人是一个正义问题，那么，如果拒不宽恕，这个人就做了错事。如果作为正义问题的宽恕是必需的，接受者就会请求宽恕对待。但是，这是有问题的，因为宽恕对待的部分性质，就是接受者无权请求何种对待。因此，要么是接受者不能请求的宽恕对待，在这种情况下，宽恕不可避免地导致非正义;要么是接受者能请求的对待,但不是宽恕对待。

如果宽恕是不正义的,或者至少不可避免地导致非正义,这重要吗?难道我们应该直接承认,宽恕不能避免非正义,但有时情有可原?这有点奇怪。我们熟知的一个观点是,我们有时会面对痛苦的选择,在不同的美德之间进行选择。但是,正义和宽恕这两种美德,不仅与我们的道德思想密切相关,而且要体现在我们所有的理智判断中,如果它们的性质相互矛盾,确实令人费解。很难看出,如何延续任何一种其性质与正义相悖的美德。

但是,如果我们拒绝报应主义,否认做错事的人应受到惩罚,而只是认为做错的人不应该不受惩罚,就可以规避宽恕提出的问题。在这种情况下,我们可以说,宽恕就是不惩罚一个不应该不受罚的人,但仍把他当作不应该不受罚的人。这一立场具有吸引力,但也不是没有困难。我已经指出,惩罚无辜者和奖励不值得奖励之人,显然是不正义的。但是,也可以论证,如果惩罚做错的人时只把惩罚当作手段而不是目的,也是不正义的。

这里的问题源于我们必须找到惩罚的根据,以及在指明把做错的人当做错的人对待就必须要用惩罚时涉及的困难。只要我们承认,把一个人当做错的人对待,不一定要惩罚,那么,惩罚的任何根据一定会关注施加惩罚能实现的某个其他目的。最常见的目的就是威慑。我们作出惩罚,是为了威慑做错的人以及其他人,少做错事,免得将来受苦。或者,我们关注受害者。我们上文看到,为恢复受害者的地位,可以论证惩罚是必需的。要用这类论证才能反驳一个指责:惩罚涉及受苦,因而在其他条件相同的情况下,要规避它。

但是，如果其中一个是我们惩罚的根据，我们在选择惩罚——而不是其他方式——对待做错的人时，就直接把他们当作实现我们目标的手段。

仅仅把人当一种手段对待——这种非正义清楚地揭示了作为恰当性的正义要求所有的非正义必须具备的形式。成为一个目的，就能影响地位：自身就是目的的人，地位高于自身不是目的的、可直接当作手段或工具使用却不会产生非正义的人。为什么成为目的的就能影响地位呢？我们可以区分把一个人视为目的的两种意义：有意志力和行动力；有自身的善或利益。我们通常认为，我们自己作为目的的有两种意义：作为行为的施动者和发起者，我们认为自己是解释链的目的，是静止的行动者；作为有利益的个人，我们认为自己是评价链的目的，我们当然认为，提升我们的利益有本质的善，而不是只有工具的善。（一个人当且仅当有行动能力时，才有自身的利益，但如果这样，就必须指出，行动能力与利益这两个概念是不一样的，比如，我们通常认为，婴儿有利益，但没有行动能力。）既然我们认为自由且理性的人比不自由、不理性的人有更高的地位，有自身利益的人比没有自身利益的人有更高的地位，我们就要假定，成为一个目的优于只是成为一种手段或工具，并且可以适当地被用作一个既不能行动也不具有自身利益的实体。

如果我们在对待别人时，不考虑他们的利益或意志，就会面临一种危险：将他们仅仅当作我们为追求无论什么目的而使用的工具。如果我们对待的那些人是目的，这样对待就是不恰当的。为了避免受到这一指责，我们要么尊重我们对待的那些人的意志，要么在采取家长式行动时指出我们的行动方式将提高他们的利益。（家长主义是不恰当的，但不是因为把那些自由受限的人仅仅当作手段。）

这些要点也适用于为惩罚辩护。在惩罚中，如果我们尊重受罚者的意志（如果可以说受罚者选择或同意受罚），或者，如果惩罚限于受罚者的利益范围内出现的情况，就不会仅仅把他们当手段对待。当然，问题是这些条件限制非常严格，只有少数情况才能满足，即很多人认为惩罚合理，且不是不正义的那些情况。这些条件的范围可以放宽，只要指出，惩罚只要尊重受罚者的意志，尽管假定是他的选择或获得他的认同，也是合理的，所有人或大多数人都会这么选择；或者论证，如果一个惩罚体系为包含受罚者在内的所有人（比如，以保护的形式）提供利益，就是能立足的，这时的利益大于对每个人做出惩罚的代价，不施加惩罚就不可能提供（因为我们排除了比如不能平等待人的那些分工）。（这些论证不适用于对无辜者的惩罚，就此而言，有理由认为，对无辜者的惩罚是不正义的，不仅因为它把无辜者当作做错的人，而且因为它没有把无辜者本身当作目的。）还有可能论证，为提升受罚者的利益，而在一定程度上牺牲目的（比如，保护），也可以在一定程度上驳斥我们只把人当手段这一指责。

这些显然是支持这些论证出现的问题，但我这里不会深究。❶我的目标不是表明惩罚做错的人是否或何时是正义的，而是表明作

---

❶　关于这个问题的更详细的讨论，参见理查德・W. 伯格的博士论文《惩罚与对人的尊重》，威斯康星大学，1975。

为恰当性的正义是思考这一问题的方式。从把人们当作目的本身这一要求得出的反对惩罚的论证，与作为恰当性的正义是完全一致的。这一目标是否能实现，并不是论证正义是恰当性要依赖的问题。

一般而言，奖励不存在类似的问题。如果接受的奖励有违接受者的利益和期望——比如，为激励其他人——还坚持奖励他，就可以说我们是通过奖励来利用受奖者。但是，通常认为，奖励往往会提升接受者的利益，只要他们愿意，通常可以谢绝奖励。因此，奖励几乎不涉及将接受者仅仅作为一个手段对待的风险。

本章一开始，我想看看支持和反对奖惩与不奖惩的正义性的论证，是否适合把正义表达为恰当性的模式。当然，我并没有考察为这两个问题提供的所有论证。但是，我已经尝试阐明论证这两个问题可能采取的形式。我并不是要断定这些论证中的任何一个是成功的，而是要断定，如果正义是恰当性概念家族的一员，这些论证必须采取的模式。

我还想确定，如果我们承认正义是恰当性，是否还要承认奖惩的惯例在任何正义的社会中必须发挥重要作用。我们考察过的论证没有表明这一点。尽管将正义视为一个恰当性概念与报应主义是相容的（实际上，报应主义可以把正义是一个恰当性概念作为前提），但我们可以承认正义是恰当性，并拒绝报应主义。

第七章　应得与责任

本章我会考察应得与责任之间的关系。上文我指出（第二章第三节），下述观点已成为反对应得的一个重要因素：我们要应得一些东西，就一定要承担能使我们应得这些东西的责任，并相信我们最终几乎不用承担什么责任。本章的主旨就是反对这一观点，进而坚持一个主张：可以把正义理解为按应得对待。

我指出，应得－责任论题——只有以我们的责任为基础，才能有应得——是错误的，应得和责任之间没有概念的关联。但是，如果缺少责任，确实会破坏很多应得的诉求。否则，应得－责任论题就不会吸引这么多人支持。因此，我努力解释，为什么有时，但只是有时，缺少责任会破坏应得的诉求，并区分缺少责任破坏应得诉求的情况与没有破坏应得诉求的情况。关于以责任为前提的应得诉求与不以责任为前提的应得诉求这一区分，我考察了三种解释，支持其中一种——这一区分是由假定应得的对待模式产生的。

第一节　应得－责任论题的反例

通常认为，应得与责任有关：我们要应得一些东西，就一定要承担能使我们应得这些东西的责任。[1] 应得与责任之间的这种假定关系，与越来越不将其视为个人责任的趋势结合在一起，成为不愿诉诸应得的一个重要源头。不愿诉诸应得是新近道德哲学和政治哲学的一个特征。[2] 当然，如果应得一些东西，就要对能使我们应得的那些东西"全权"（all the way down）[3] 负责，那就不容易看出任何

---

[1]　例如，萨杜尔斯基（Sadurski）写道："将（积极或消极的）应得归因于人们无法控制的行为或事实，是没有任何意义的。"（沃伊切赫·萨杜尔斯基，《给应得应有的地位》，多德雷赫特，1985，第 117 页）他还写道："如果我们无法追究责任，就谈不上应得。"（同上，第 131 页）格洛夫提出，我们所谓的"基于应得的"态度，"如骄傲、犯罪、憎恨、感激和某些悔恨，与责任有关"（乔纳森·格洛夫，《自我创造》，《英国学术协会文集》，69，1983，第 466 页）；拉蒙特主张："应得的一个鲜明特征是……它需要的自愿成分最少。"（朱利安·拉蒙特，《分配正义中的应得概念》，《哲学季刊》，44，1994，53）

盖尔斯顿在一篇总结"学界最近"关于应得的"主要发现"的文章中提出另一种观点："与应得相关的事实本身不一定是应得的，而是通过努力挣得、博得、获得的。用罗尔斯的话说，它们'从道德角度看是任意的'，因为用一个与应得相关的事实描述个人 A 而非个人 B，并没有道德理由。但是，这并不意味着，这些非道德的事实不能成为道德诉求的基础。"（威廉·A. 盖尔斯顿，《正义与人类的善》，芝加哥，1980，第 172 页）

[2]　塞缪尔·谢弗勒提出这一诉求的一种令人印象深刻的情况，他写道："许多当代政治哲学家不愿依赖一个前－制度的应得概念，部分原因是一种流程甚广、但往往不易察觉的对个人主体的怀疑主义，这种怀疑主义是关于意志自由的怀疑主义在当代的衍生物。"（塞缪尔·谢弗勒，《哲学与政治中的责任、反应态度和自由主义》，《哲学与公共事务》，21，1992，第 309-310 页）

[3]　罗伯特·诺奇克，《无政府、国家与乌托邦》，牛津，1974，第 225 页。

人应得任何东西。

我想驳斥应得－责任论题。考察很多（不同类型的）反例，我们就会看出，这一论题是错的。一组反例来源于我们所谓的关于人的基本事实。我们假定，大多数人都是自由而理性的；我们认为，老鼠和甲壳虫既不自由也无理性。让我们假定，我们对自由和理性的指认是正确的。接下来就可以反驳，老鼠和甲壳虫并不需要为它们的非理性和不自由负责，因而不应该受苦。同样，按照这一论证，我们不能以自由和理性为基础，要求应该得到任何特殊的对待，因为我们不能说对自由和理性承担任何责任。我认为，这些论证没有说服力。自由和理性的人应该得到这样的对待——绝不能因他们不用对自由和理性负责，就不应该得到这样的对待。在这些情况下，根本没出现责任问题。

其次，看看比赛的例子。我们可以说一位参赛者应该或不应该获得胜利，（当天）表现最好的团队应该获胜。如果因运气不佳或判罚不利未能获胜，那么，道义上的胜利者就没有获得应该获得的东西。（当天最好的选手——实际表现最好的选手——绝不是最好的选手。斯特菲·格拉芙的选手都应是最好的选手，但如果那天她正好不在状态，打得差，就不该获得胜利。）但是，在判断参赛者是否应该获胜时，我们并没有考虑他们是否或在多大程度上是因他们的那些获胜的属性而获胜。当然，很多比赛要求只要抱有获胜的希望的选手都应努力训练。但是，如果一个运动员只靠天赋就出类拔萃，那他

就该获胜。❶

最后，考察一下应得者不是人的情况。我上文指出（第二章第一节），非人（non-persons）无疑应该能得到某种东西。同样，非人无疑不会，实际上是不能为它们的应得基础负责。但是，如果应得以责任为前提，那么，不承担责任，怎么应得呢？

这些例子证实，应得－责任论题是错误的：并非所有的应得诉求都以应得者一方的责任为前提；至多仅有某些诉求是这样的。但是，如果是这种情况，如何区分以责任为前提的应得诉求与不以责任为前提的应得诉求呢？我要考察试图回答这一问题的三种解释。

第二节 道德/非道德的应得区分的解释

第一种解释依赖于区分"应得"有没有道德的用法。按照这一

---

❶ 参见："当我们说最美的女孩应该在选美比赛中获胜，最熟练的射手应该在弹子比赛中获胜，最有能力的申请人应该获得奖学金，我们并没有看到个人表现出相关素质。"（戴维·米勒，《社会正义》，牛津，1976，第96—97页）一般而言，这是对的，但我们已经看到，如果这一技能没有在特定的比赛中展现出来，我们就不会说最熟练的射手应该获胜。（如果美女会年老色衰，类似的观点也适用于选美比赛。）并且，如果我们关注应该赢得奖学金，申请人还是要展现能力。或许，最有能力的申请人应该获得奖学金，但是，如果这个申请人在答辩考试时表现不佳，就不应该说他应该获胜。可以提出，我们确实要"深究"表现出来的能力，因为不公平地得到一个所谓的应得基础，会破坏应得的诉求。（参见拉蒙特，《分配正义中的应得概念》，第48页）。但是，不公平的获得除了破坏应得的基础之外，还会产生一个相反的应得诉求，直接盖过原先的诉求：当我们不公平地获得一种属性时，我们不只是不应该从中获益，还应该不从中获益。

论证，我们用这一区分就能解释为什么一些、尽管只有一些应得诉求以责任为前提：不是应得以责任为前提，而是且只是道德的应得以责任为前提。为展开这一论证，我假定"应得"其实有道德和非道德的用法。我自己不想接受这一区分，也不会阐明如何得出这个假定的区分；而是假定，直观的理解足以让我们有能力判断，这个所谓的区分有助于辨别，缺少责任对应得的诉求有破坏与没有破坏的情况。

在我们上面考察的这些例子中，这一论述对解释为什么缺少责任不会破坏应得，效果如何呢？看看与应得者有关的基本事实。这类诉求涉及对"应得"的道德运用：我们可以说，所有的人都是自由的行为主体或有意识的生物，也应该受到这样的对待。问题不在于这些诉求可能是错的，而在于它们是否一定要非道德地运用"应得"，似乎没有理由说一定。确实，道德应得的任何一个范畴首先都会选择包含这些用法。

比赛的应得是怎样的呢？当我们说一个特定的婴儿应该在婴儿大赛中获胜，或表现比对手更好的团队应该赢得比赛时使用的"应得"，是非道德的用法吗？在最好的情况下也说不清楚。在人们相信他们的团队或他们支持的参赛者应该获胜的情况下，未能获胜会导致的断言有："没有正义"；或他们的团队或他们支持的参赛者"被剥夺"。从字面上看，这些断言并不是非道德的抱怨。它们表明，在比赛的语境中使用的"应得"，至少有时是"应得"的道德用法。

最后，非人的应得又是怎样的呢？乍一看，这一解释似乎能表明，为什么责任不可能不排除这样的应得：非人的应得不以责任为前提，因为它总是非道德的应得，而只有道德的应得才以责任为前提。但是，非人的应得总是非道德的应得吗？假定环保主义者断言，应该保护和维持塔斯马尼亚的荒野——不是出于慎重，而是出于它自身的利益。能看出这不是"应得"的道德用法吗？问题仍不是这一假定的道德断言是否为真，而是能否得出这样的断言。至少可以说，不能得出这一断言或这一陈述不是"应得"的道德用法，有待商榷。

因此，我的结论是，这一解释是失败的：(即使我们能得出)"应得"的道德和非道德运用之间的区分，它（也）不对应于以责任为前提的应得与不以责任为前提的应得之间的区分。

第三节 属性要求的解释

我想考察的第二个解释，始于上文（第二章第一节）提到的一个要求，即应得的基础一定是一个与应得者有关的事实。如果这一点是确定的，就能论证，破坏把（潜在的）应得的基础说成一个与（潜在的）应得者有关的事实这一前提，缺少责任就能颠覆应得的诉求。我们可以论证，切断（潜在的）应得者与充当应得的基础但缺少责任的事实之间的关键联结，就会破坏应得。我把这一解释称作"属性要求的解释"（attribute requirement account）。

这一过程——切断这一关联——是如何发生的？这里的思路是，缺少责任，就排除了与一个人的真正自我有关的任何推论。我们把人们做的事情（what people do）——他们要为之承担责任的行为——和他们遇到的事情（what happens to them）区分开。至少一般而言，我们通常是从人们所做的事情，而不是从他们所遇到的事情，推断与他们有关的事实。❶ 如果我认为你是故意踩我的脚，就会推断你怀揣恶意，认为你应该受到谴责。但是，如果我认为你是不经意踩到我的脚，就会认为这是碰巧遇到的事情。这不是你做出的事情，因而通常我不会由此对你做出推断。对性格的各个方面也可以作类似的论证。假定我们认为，约翰总是情不自禁地伤害猫，在这种情况下，按照这一论证，他不可能以他的残忍为基础获得应得的东西，因为残忍的性格是恰巧发生在约翰身上的事情。残忍与约翰有关，而他本人并不是这样。❷ 因此，可以合理地认为，缺少责任、不能提供与主观有关的事实证据、缺少应得，三者是有关联的。缺少责任破坏的断言是，相关事实其实与假定的应得者有关（与假定的应得者的真实自我有关的一个事实），如果应得的基础必须是一个与应得者有关的事实，应得的诉求本身就受到了破坏。

在说明为什么应得－责任论题并不适用于我们前面指出的情况时，这一解释有多成功呢？它最成功的地方，是处理以应得的基础

---

❶　参见："当我们关注一个人应该得到什么时，我们注意的是他的体现性格的行为，这种说法几乎一点都不极端。"（诺文·理查兹，《运气与应得》，《心灵》，95，1986，第 200 页）

❷　有人提出，这类论证适用于罗尔斯："按照罗尔斯的理解，我拥有的特征并不依附于自我，而只是与我有关联，总是保持一定距离……由此可见，罗尔斯从任意性得出的论证，破坏应得的基础，不是通过直接声称我不能应得任意给予的东西，而是通过间接表明我不能拥有任意给予的东西，即'自我'，它是拥有的主体，不可能在提供应得的基础必需的那种确切的构造意义上拥有它。"（迈克尔·J.桑德尔《自由主义与正义的界限》，剑桥，1982，第 85 页）

为基本特征的那些情况。如果属性要求的解释言之成理，缺少责任就会破坏一个具体应得诉求的合理性，就依赖否认假定的应得基础确实是与应得者有关的一个事实的合理性。我们可以假定，我们非常不愿意否认，基本事实就是与假定的应得者有关的事实；进而期待，在这些情况下，不管有没有责任，都不会破坏应得。我不用为成为一个自由的或有意识的人负责，但这些特征对于我的任何观念是如此的根本——按照这一论证——以至于不可能认为自由和有意识是碰巧与（真实的）我有关的特征。

比赛的应得怎样呢？属性要求这一解释如何表明，我们为什么相信应该获胜的人——不管他们是为更好的表现负责，还是为奠定其应得的属性负责——都会获胜？我们为什么不愿将这些行为或属性与参赛者分开呢？这一解释在这里更不成功：在这些情况下，看不出属性要求这一解释，如何指出因缺少责任而不情愿使应得受损的意义。

最后，非人的应得又是怎样的呢？这里可以论证，既然不可能有（相关意义上的）行为，就无法区分假定的应得者做的事与他遇到的事，寻求孤立一个真实自我的等价物的动力也就较小，而事实可能会发生，只是还未被它们触及而已。因此，按照这一论证，说关于森林、书籍或建筑物等的推断事实其实与它们本身无关，则更不合理，因而我们会说，这些事实不能充当应得的基础。

因此，属性要求这一解释在说明为什么应得－责任论题不适用于某些情况时，取得了一些成功。但它无疑不能全面地解释为什么某些应得的诉求会因缺少责任而受损，而某些诉求则因自身的性质而不受损，因为它不能从本质上解释的情况是，（我们认为）缺少责任会破坏应得诉求，但如果不缺少责任，（我们就会认为）成为应得基础的事实仍是与潜在应得者有关的事实。可以合理地认为，存在这样的情况。例如，我们想论证，缺少责任破坏了一个断言——基于约翰的残忍倾向，他应该得到某些特殊的对待，而不想断定，约翰其实并不残忍，没有这一倾向。这一点是这一解释无法说明的。

这里的根本问题是，即使这一解释提供了正确的答案，我们也应当思考它提供这一答案的理由是否正确，对许多人而言，正是因为应得以责任为前提这一观点比对它做出这一解释的那些前提更合理，才促使我们这样思考。真正的或超验的自我以某种方式获得偶然与他们有关的某些属性，这种观点是一种可能的思路。我们可以假定，约翰并不真的对猫残忍——换言之，真正的约翰对猫并不残忍，他只是对与他有关的猫残忍。但是，成为一种可能的描述，还不够。它要成为缺少责任就会破坏应得这一信念的源头，还需要我们愿意把这一描述视为最为合理的描述。显然，我们许多人不会这么认为。我们青睐的描述是，约翰对猫是残忍的，对猫残忍这一倾向是与约翰有关的一个事实。他不用为有这一倾向负责，但他还是残忍的。❶

---

❶　参见乔治·谢尔，《应得》，普林斯顿，1987，第 157 页："可以始终如一地说，人们不用为拥有某些性格负责，但正是这些性格使他们成为那样的人。"

第四节 对待模式的解释

上文我们看到（第二章第一节），应得是应得者、应得的东西与应得的基础之间的三元关系。属性要求的解释关注应得的基础。接下来我想考察的这种解释关注什么（可以说）是应得的东西。至少通常而言，应得的东西是应该受到的对待形式或模式：惩罚、尊重的标记等。因此，某些对待模式——尤其是奖励与惩罚——以接受者一方的责任为前提。这样，论证当且仅当应得的东西（可以说）是以责任为前提的一种对待模式时，只有缺少责任才会破坏应得的诉求，进而就有可能解释，缺少责任为什么会破坏某些但也只是某些应得的诉求。而且，这一解释有可能补充上文（第二章第一节）对广泛认可的应得 – 责任论题（在否认道德运气的基础上）做出的解释：既然倾向于假定，所有的应得诉求涉及以责任为前提的对待模式，我们就该料到把缺少责任当作破坏应得本身。

对待模式的解释始于一个诉求：一些且只有一些应得的对待模式以应得者的责任为前提。在这些地方，在说对待是应得的同时，否认（所谓的）应得者的责任，就犯了概念错误。看一下惩罚。惩罚人，也就是认为他应该为他受罚的事情负责，这是合理的。因此，如果这样，而人们不用负责，其实可以得出，他们不该受罚。但不是说他们不应该得到惩罚，而是说他们不应

该得到的是惩罚。❶

相似的论证可适用于奖励。给出奖励，就是承认责任。❷ 奖励与不以责任为前提的表扬、尊敬和批评相对。❸ 我们受到的限制有，奖励什么或奖励谁：尽管绘画、论文、建筑、机器甚至蔬菜都能受到表扬、尊重、批评和奖励，但不能对它们做出奖励。这不是说，不承担责任，就不应该得到奖励；而是说，它们不应该得到奖励。（高级动物的某些方面难以处理——但是，可以不无道理地说，只要我们愿意把我们的行为描述为给予一个真正的奖励，就会认为，狗或其他任何事物，都是要承担责任的。）

以责任为前提的对待模式还有其他例子——感激与原谅。缺少

---

❶ 参见："有些应得的东西，与奖惩一样，以相关人的责任为前提。但是，我们没有理由把这一点推广到涵盖所有的应得"（约翰·克莱尼格，《惩罚与应得》，海牙，1973，第 57-58 页）。

当然，说人们不用为受到的对待负责，并不是说他们没有责任或认为他们没有责任。在故意间接地或在严格赔偿责任的基础上做出惩罚的情况下，惩罚者会认为，受罚者对他们所受的惩罚没有真正的责任。不过，如果这就是惩罚，即与受害过程相对，就要按有责任对待受罚者。

❷ 布莱恩·巴里写道："我们只有在涉及自愿努力的地方才能讨论'奖励'和'惩罚'。"（布莱恩·巴里，《政治论证》，伦敦，1965，第 108 页）这无疑将这一观点夸大了。我们可以说，人们因懒惰而受罚，而懒惰几乎不用努力——自愿或其他方式——就能做到。问题在于责任，而不是努力。（罗尔斯进一步提出，"通常意义上的"应得，本身就以努力为前提："即使愿意努力和尝试，进而通常意义上的应得本身，也依赖于幸福的家庭环境"（约翰·罗尔斯，《正义论》，牛津，1972，第 74 页，着重号为引者所加）。

❸ 奇怪的是，萨杜尔斯基在讨论"按应得分配"（《给应得应有的地位》，第五章）的过程中，谈到积极的应得时，一直在说奖励。而在一段话中，他关注的却是我们基于"平等的人性"（同上书，第 97 页），应该得到什么，这时他讨论的不是我们作为（平等的）人应该得到奖励——这有点奇怪——而是我们应该得到尊重和关心。奇怪的是，萨杜尔斯基恰恰在不关注奖励的时候，（暗自）放弃了应得以责任为前提这一观点。

责任，就会破坏任何应得的感激诉求或原谅诉求：我们只会感激那些我们认为使我们受益的人；我们只能原谅那些我们认为伤害我们的人。缺少责任，就破坏了应该受到感激或原谅的可能性。但是，说这些情况是因缺少责任而破坏应得，就是断章取义。

因此，一些对待模式本身就以责任为前提。奖励、惩罚、原谅，表示感激或憎恨，都以接受者一方的责任为前提。这类模式表明了"反应态度"（reactive attitude）。❶ 不以责任为前提的对待形式有钦佩、批评、分级、表扬、授奖、尊重，等等。就其性质来说，这些形式表达的是评价态度（appraising）而非反应态度。当然，我不是要否认，我们可以对我们批评和表扬的那些人负责；而是要否认，我们必须对这些人负责。批评人和表扬人不需要负责，而惩罚和奖励却需要。

这一解释如何帮助我们解释，为什么在应得－责任论题的反例中，缺少责任不会破坏应得呢？首先考察以基本特征为基础的反例。我们说，由于人是自由而理性的，就应该受到某种对待，但不主张这种对待就应该是一种奖励。应该把诸神当作神对待，但这不是他们应得的奖励。我家的狗比我的孩子更不受待见，但这种对待并不是狗应该受到的惩罚。在讨论基本特征时，既然我们不关注奖惩或其他任何以责任为前提的对待模式，就不该期待缺少责任会破坏这类应得的诉求。

---

❶ 这一术语来自斯特劳森：反应态度"本质上是对他人意志品质的反应"（P.F. 斯特劳森，《自由与憎恨》，《英国学术协会文集》，48，1962，第199页）。

　　我们的应得可以以基本特征为基础，上文（第三章第三节）我提到这种基本特征的一个例子：整体性。如果我们是整体，就应该把我们当整体对待，我们对成为整体不用承担责任，这没有破坏我们的应得。比如，即使我们不用为成为整体负责，也应该按我们的贡献对待我们，尽管我们已经看到，我们或许不应该因我们的贡献而受到奖励。

　　比赛的情况怎样呢？这里，重要的是区分应该获胜的比赛和应该获得的奖励。缺少责任破坏了应该得到奖励的诉求——进而破坏了应该赢得奖励的诉求。但是，它完全没有破坏获胜的诉求。最漂亮的女孩、最活泼的婴儿、表现最好的网球运动员都应该赢得各自的比赛。与漂亮、活泼或球打得好等责任无关。❶ 如果把胜利以及随之而来的奖项（prize）视为奖励，就与责任有关。尽管我们会说，一个特定的婴儿应该获得这一奖项，但不能说，这个婴儿通过获奖而应该得到奖励。❷ 只有在有可能断定获胜者为给他带来胜利的（至少某些）美德、技艺和表现负责的情况下，我们才会说胜利和奖项是应得的奖励。因此，简言之，应得－责任论题不适用于比赛的情况，因为我们这时只关注作为胜利的胜利和作为奖项的奖项。只有在我们把胜利或奖项视为奖励时，缺少责任才会破坏应得的诉求。

---

❶　参见："音乐或数学神童应该赢得相应的比赛，即使他的表现不涉及任何意志或选择。就此而言，'积极的应得'与惩罚有一种不对称性。"（盖尔斯顿，《正义与人类之善》，第 173 页）确实有一种不对称性，但不是在惩罚和（所有的）"积极的应得"之间。对称性是在惩罚和奖励之间，而不是在惩罚和获胜之间。

❷　这里我不同意克莱尼格的观点：奖项（和荣誉）只要是应得的，就"可以还原到奖励"（《惩罚与应得》，第 53 页）。

最后，关于非人的应得，应得的对待模式从不以责任为前提。这里没有意志，因而反应态度无足轻重。我们不能惩罚或奖励非人。因此，可以预料，非人的应得不会受缺少责任的影响。

因此，对待模式的解释可以说明，为什么缺少责任会破坏一些而不是另一些应得的诉求。但我想提出，这种解释也有助于说明应得－责任论题的直观可能性。容易看出，应得能以责任为前提，是因为容易犯一个错误：把只与应得的某些对待模式有关的东西当作应得的概念。以责任为前提的对待模式——尤其是惩罚和奖励——最终是那些被视为应得的对待模式的一个非常重要的子集。我们想到应得，就会想到惩罚和奖励这样的概念。❶

还有一种倾向，是把奖励和惩罚这两个概念应用到它们的恰当范围之外。利益和困难的接受者容易受奖励或惩罚语言的诱惑。把利益说成奖励，我们就会觉得获得了应得的基础。我们把困难说成惩罚，其含义在于，只有当我们要为受罚的事情负责时，惩罚才是有根据的。把困难说成惩罚，就有可能证明，倘若接受者不用对他或她的受罚负责，这一困难就是不正义的。当然，这些论证中的每一个，都有一个与之互补的论证，基于这些互补的论证，可以预计一些我们不愿讨论的奖惩：把我们遭受的痛苦说成惩罚，我们将因拥有这种基础而失去信誉；把利益说成奖励，就有可能指出，

---

❶ 参见："当哲学家自己对个人的应得做出判断时，他们想到的应得的对待模式几乎总是奖惩"（乔伊·芬博格，《做与应得》，普利斯顿，1970，第55-56页）；"与大多数哲学观点相反，奖惩不是应得的唯一恰当对象"（克莱尼格，《惩罚与应得》，第53页）。

倘若基本的责任诉求尚未得到满足，奖励就是没根据的。在某种程度上，这些相反的论证是合适的，它们或许能解释比如个人责任的信念受到质疑时，常用"工资"（compensation package）和"奖金"（incentives）等词项描述实得薪水（substantial salary）。但是，这些论证的效果不大，这或许是因为，人们已经察觉到奖励与惩罚没有相似性。例如，在很多人看来，用为奖励辩护的方式为惩罚辩护，难以驾驭很多要求，惩罚是刻意施加痛苦，就其性质而言，似乎需要最高的辩护标准。不管怎样，要在适用于应得的情境中广泛使用奖惩，我们还可以预计这种用法会导致一种倾向：所有的应得以责任为前提。换言之，我们期望把责任从应得的对待模式（错误地）转向应得本身。❶

对待模式的解释依赖于某些模式确实以责任为前提这一断言。奖惩以责任为前提,这一断言几乎没有争议,但仍可以提出一个问题：为什么以及在何种意义上，它是没有争议的。从一个层面讲，我们只需解释，实践表不表达反应的态度，有重大差别，而"奖励"和"惩罚"这两个词恰好是我们用来表示能部分描述这一重要差别的概

---

❶ 雷切尔斯论证道："按应得对待人，是把他们当作自主的、为自己的行为负责的人来对待的方式之一。一个因自己的错误行为而受到惩罚的人，需要用一种具体的方式为这些行为负责。"（詹姆斯·雷切尔斯，《人应该得到什么》，约翰·亚当和威廉姆·H. 肖（编）《正义与经济分配》，恩格尔伍德克里夫思，新泽西州，1978，第 159 页）但是，按应得对待人，只是有时把他们当作自主的人对待。施加应得的惩罚就是按责任对待；但是，这并没有表明，按应得对待其实是按责任对待。诚然，正是应得与反应态度之间的这个唯一关联，导致格洛夫提出，"基于应得"是适合描述这一态度的术语。但是，这一术语是不合适的：应得的概念没有抓住反应态度的共同点。

念。^❶但是，还有一个更深刻的解释：我在上文指出（第六章第一节），可以合理地假定，奖惩就其性质而言，是对行为的反应。而行为以责任为前提：只有在要求我们对自己的行为做出解释时。因此，奖惩意味着，受奖者或受罚者要（为他们受到奖励或惩罚的那些行为）负责。^❷

因此，对待模式的解释能说明我们在以责任为前提的应得诉求与不以责任为前提的应得诉求之间做出的区分；可以合理地认为，出现应得本身是以责任为前提这一（错误）信念，至少部分是因为我们把应得视为体现反应态度的概念之一。（这又可以用应得与奖惩的联系来解释——奖励与惩罚这两个概念确实体现了反应态度。）使用应得可能总是以一种评价态度为前提。但是，反应态度不过是评价态度的一个真子集。按照我们一开始提出的反例，就可以确信应得－责任论题是错误的，但是，如果能解释应得－责任论题为何貌似合理，就更令人放心。当然，这一解释使我们能抵制未来这一主题产生的任何诱惑。

本章关于道德运气的论证，有什么含义呢？上文我提出（第二章第一节），可以合理地认为，应得－责任论题的诉求，至少部分

---

❶ 奖惩确实具有这一功能，这与芬博格的断言一致："惩罚是表达憎恨和愤怒态度的一种约定俗成的策略"（《做与应得》，第98页）。斯特劳森指出，憎恨或愤怒的态度只适用于那些被考虑的应负责的人。

❷ 我们接受对奖惩和责任之间关系的这一解释（以及把对待模式的解释说成应得与责任之间的一种关系），并不意味着，以责任为前提的应得诉求必需的责任会超出行为必需的责任。因此，我们要想承认现有行为与决定论相容，对决定论的信念就要与下述信念相容：人们承担的责任就是以责任为前提的应得诉求必需的。

与它否认道德运气有关。认为不存在道德运气这样的东西，是合理的。❶一旦我们否认道德运气的可能性，就可以得出，我们不承担责任，就不会有应得。我们看到，这里的论证依赖于地位要求：如果应得的基础一定是评价的基础（地位要求），而我们的评价不能不以我们负责的事情（否认道德运气）为基础，那么，我们不用负责的事情就不能充当应得的基础。因此，要得到应得的东西，我们就一定要对使我们应得的东西负责（应得－责任论题）。但是，如果本章的论证言之成理，而应得－责任论题是错误的，那么，用否认道德运气来论证应得－责任论题，就是错误的。如果这一论证是有效的，那么，要想否定这一论证的结论，就必定要至少否定其中一个前提。这样，如果我们承认地位要求，就一定要承认道德运气的存在。

我考察应得与责任之间的关系，是因为应得－责任论题已成为人们不愿承认应得的重要性的首要基础。现在我们看到，我们不能基于以责任为前提的应得而取消应得，因为应得并不以责任为前提。在此基础上就可以指出，奖励与惩罚这两个概念是可以去掉的，尽管如果奖惩必需的适当责任不过是某人为做出的行动必须承担的责任，因此，由于我们总是缺乏必需的责任，就断定永远不会有恰到好处的奖惩，其实是一个有争议的断言。它不仅拒绝奖惩，而且拒绝认为至少我们有些人有些时候是行动的主体，并拒绝以此为前提

---

❶　参见："对人们做道德评价时，不能以不是他们的过失或他们无法控制的因素为基础，这一点在反思之前，具有直观的合理性。"（托马斯·内格尔，《人的问题》，剑桥，1979，第 25 页）

的所有信念。

但是，即使我们确实缺少真正的行动必需的那种责任，进而放弃反应态度和奖惩惯例以及憎恨和感激的表情，仍可能做出不正义的行动。按不按照人们的行为对待他们，都会产生不正义的行为。不仅采纳不恰当的反应态度，而且采纳不恰当的非反应的评价态度，尤其是非反应的却做出评价的尊重态度，都会产生不正义的行为。人们应该受到恰当的尊重，如果否认他们应得受到这样的尊重，就对他们做出了不正义的行为。

结　语

　　我已完成对正义是恰当性概念家族一员的论证。在结束时，我不想对这一论证再做总结，而是想指出，要把对正义概念的这一解释拓展为一种正义观——对正义必需的东西做出的解释，还需要做什么。我在上文指出（第一章第三节），承认正义是恰当性，就是承认关于正义的实质问题产生的分歧有两个主要来源。

　　一是就我们的行为含义产生的分歧，即解释的分歧，一直贯穿到我们对不想做出不正义的行为，就一定要避免的那些东西产生的分歧。这里，我不想捍卫关于我们如何辨识行为的意义，以及如何决定行为的内容提出的任何一种具体解释。但是，要令人满意地捍卫正义的实质原则，就一定要解释，怎样才算把人当作一个具体范畴的成员对待。

　　二是就正义需要什么产生的分歧，它反映了我们关于我们具有的属性以及哪些属性能影响地位的分歧。我们一般赞同我们是自由而理性的，但我们是整体吗？我在各处论证时不过是假定，可靠、人道、整体等拥有较高的地位。但是，要彻底捍卫一种正义观，对正义需要什么提出一种具体的观点，就要完整地解释我们是谁，应该成为什么样的人。

参考文献

ACTON, H. B. (ed.), *The Philosophy of Punishment* (London: Macmillan, 1969).

ANSCOMBE, G. E. M., 'Modern Moral Philosophy', *Philosophy*, 33 (1958), 1–19.

——*The Collected Papers of G. E. M. Anscombe, iii: Ethics, Religion and Politics* (Oxford: Blackwell, 1981).

ARTHUR, JOHN, and SHAW, WILLIAM H. (eds.), *Justice and Economic Distribution*, (Englewood Cliffs, NJ: Prentice-Hall, 1978).

BARNES, JONATHAN, 'Partial Wholes', *Social Philosophy and Policy*, 8(1990), 1–23.

BARRY, BRIAN, *Political Argument* (London: Routledge & Kegan Paul, 1965).

BURGH, RICHARD W. 'Punishment and Respect for Persons', doctoral thesis, University of Wisconsin, 1975.

—— 'Do the Guilty Deserve Punishment？', *Journal of Philosophy*, 79 (1982), 193–210.

CAMPBELL, T. D., 'Humanity before Justice', *British Journal of Political Science*, 4 (1974), 1–16.

COHEN, G. A., *Karl Marx's Theory of History: A Defence* (Oxford: Oxford University Press, 1978).

COHEN, MARSHALL, NAGEL, THOMAS, and SCANLON, THOMAS (eds.), *Equality and Preferential Treatment* (Princeton: Princeton University Press, 1977).

DELINKO, DAVID, 'Some Thoughts on Retributivism', *Ethics*, 101(1991), 537–59.

EWIN, R. E., *Co-operation and Human Values* (Brighton: Harvester, 1981).

EWING, A. C. *The Morality of Punishment* (London: Kegan Paul, Trench, Trubner, 1929).

FEINBERG, JOEL, *Doing and Deserving: Essays in the Theory of Responsibility* (Princeton: Princeton University Press, 1970).

FEINBERG, JOEL, *Rights, Justice, and the Bounds of Liberty* (Princeton: Princeton University Press, 1980).

FINNIS, JOHN, *Natural Law and Natural Rights* (Oxford: Clarendon Press, 1980).

FREY, R. G., and MORRIS, CHRISTOPHER (eds.), *Liability and Responsibility: Essays in law and Morals* (Cambridge: Cambridge University Press, 1991) .

GALSTON, WILLIAM A., *Justice and the Human Good* (Chicago: University of Chicago Press, 1980).

GLOVER, JONATHAN, 'Self–Creation', *Proceedings of the British Academy*, 69 (1983), 445–71.

HAYEK, F. A., *Law, Legislation and Liberty, ii: The Mirage of Social*

Justice (London: Routledge & Kegan Paul, 1976).

HOFFMAN, JOSHUA, 'A New Theory of Comparative and Noncomparative Justice', *Philosophical Studies*, 70 (1993), 165–83 .

HOSPERS, JOHN, *Human Conduct: An Introduction to the Problems of Ethics* (New York: Harcourt Brace, 1961).

KLEINIG, JOHN, 'The Concept of Desert', *American Philosophical Quarterly*, 8 (1971), 71–8.

——*Punishment and Desert* (The Hague: Martinus Nijhoff, 1973).

LAMONT, JULIAN, 'The Concept of Desert in Distributive Justice', *Philosophical Quarterly*, 44 (1994), 45–64.

LAWRENCE, D. H., *Selected Poems* (Harmondsworth: Penguin, 1950).

LEMMON, E. J., 'Moral Dilemmas', *Philosophical Review*, 71 (1962), 139–58.

LUCAS, J. R., *On Justice* (Oxford: Clarendon Press, 1980).

MILL, J. S., *Utilitarianism*, ed. Mary Warnock, (London: Collins Fontana, 1962).

MILLER, DAVID, *Social Justice* (Oxford: Clarendon Press, 1976).

MONTAGUE, PHLLIP, 'Comparative and Non-comparative Justice', *Philosophical Quarterly*, 30 (1980), 131–40.

MOORE, G. E., *Principia Ethica* (Cambridge: Cambridge University Press, 1903).

MORRIS, HERBERT, '*Persons and Punishment*', Monist, 52 (1968) 475–501.

MURDOCH, IRIS, *The Sovereignty of Good* (London: Routledge &

Kegan Paul, 1970).

NAGEL, THOMAS, *Mortal Ouestions* (Cambridge: Cambridge University Press, 1979).

NOZICK, ROBERT, *Anarchy, State and Utopia* (Oxford: Basil Blackwell, 1974).

——*The Examined Life* (New York: Simon & Schuster, 1989).

PARFIT, DEREK, *Reasons and Persons* (Oxford: Clarendon Press, 1984).

PRIMORATZ, IGOR, 'Punishment as Language', *Philosophy*, 64 (1989) 187–205.

QUINTON, ANTHONY, (ed.), *Political Philosoply* (Oxford: Oxford University Press, 1967).

RAWLS, JOHN, *A Theory of Justice* (Oxford: Oxford University Press, 1972).

RICHARDS, NORVIN, 'Luck and Desert', *Mind*, 95 (1986), 198–209 .

SADURSKI, WOJCIECH, *Giving Desert its Due* (Dordrecht: Reidel, 1985).

SANDEI, MICHAEL J., *Liberalism and the Limits of Justice* (Cambridge: Cambridge University Press, 1982).

SCHEFFLER, SAMUEL, 'Responsibility, Reactive Attitudes, and Liberalism in Philosophy and Politics', *Philosophy and Public Affairs*, 21 (1992), 299–323.

SCHWARTZ, BARRY, *Vertical Classification* (Chicago: University of Chicago Press, 1981).

SEARLE, JOHN R., *Speech Acts* (London: Cambridge University Press, 1969).

SHER, GEORGE, *Desert* (Princeton: Princeton University Press, 1987).

SKILLEN, A. I., 'How to Say Things with Walls', *Philosophy*, 55(1980), 509−23.

STERBA, JAMES P., 'Recent Work on Alternative Conceptions of Justice', *American Philosophical Quarterly*, 23 (1986), 1−22.

STRAWSON, P. F. 'Freedom and Resentment', *Proceedings of the British Academy*, 48 (1962), 187−211.

SVERDLIK, STEVEN, 'The Logic of Desert', *Journal of Value Inquiry*, 17(1983), 317−24.

TEN, C. L., *Crime, Guilt and Punishment* (Oxford: Clarendon Press.1987).

WARNOCK, GEOFFREY, *The Object of Morality* (London: Methuen, 1971).

WEBER, MAX, H. H. GERTH, and C. WRIGHT MILLS, *From Max Weber: Essays in Sociology*, trans. and ed. (London: Routledge & Kegan Paul, 1970).

图书在版编目（CIP）数据

作为恰当性的正义 /（新西兰）杰弗雷·库珀特著；
马新晶译 . -- 南昌 : 江西人民出版社，2020.5
（西方正义理论译丛 / 何怀宏主编）
ISBN 978-7-210-11577-9

Ⅰ . ①作… Ⅱ . ①杰… ②马… Ⅲ . ①正义—研究
Ⅳ . ① B82

中国版本图书馆 CIP 数据核字 (2019) 第 204767 号

版权登记号 : 14-2018-0232
Copyright © D.D. Raphael 2001

作为恰当性的正义

（新西兰）杰弗雷·库珀特 著；
马新晶 译；赵伟 校

丛书策划 : 余　晖
责任编辑 : 李月华
丛书设计 : 今亮后声 HOPESOUND pankouyugu@163.com
出　　版 : 江西人民出版社
发　　行 : 各地新华书店
地　　址 : 江西省南昌市三经路 47 号附 1 号
编辑部电话 : 0791-86898143
发行部电话 : 0791-86898815
邮　　编 : 330006
网　　址 : www.jxpph.com
E-mail : 270446326@qq.com
2020 年 5 月第 1 版　2020 年 5 月第 1 次印刷
开　　本 : 660×960 毫米　1/16
印　　张 : 13
字　　数 : 140 千字
ISBN 978-7-210-11577-9
赣版权登字—01—2019—533
定　　价 : 68.00 元
承 印 厂 : 山东临沂新华印刷物流集团有限责任公司
版权所有　侵权必究
赣人版图书凡属印刷、装订错误，请随时向承印厂调换